GAOSU DAOLU CHESU XIANZHI LILUN YU FANGFA

高速道路车速限制

理论与方法

徐　亮　程国柱◎著

知识产权出版社
全国百佳图书出版单位

前　　言

　　超速行驶现象在道路尤其是高速道路（包括高速公路与城市快速路）交通运行过程中极为普遍，为道路交通事故的发生埋下了隐患。根据美国公路交通安全机构统计，全美年均道路死亡事故中近1/3与超速行驶有关；我国每年因机动车违章超速行驶造成的交通事故均在3万起以上，占全年交通事故总数的8％以上，因超速行驶死亡的人数高达9000余人，占全年事故死亡人数的11％以上，是导致致死事故发生的最主要原因。

　　世界上绝大多数国家对车辆在道路上行驶都有车速限制，《中华人民共和国道路交通安全法》规定高速公路限速标志标明的最高限速不超过120km/h，而交通管理部门在确定最高车速限制值时，多以设计速度作为依据。显然，由于道路线形、路面条件和交通情况等的不同，以上规定与做法并不合理。即使是在同一条道路上，不同路段的线形指标不同，其限速值也应不同。此外，昼夜不同的光照环境会使驾驶人的视认特征及驾驶行为等产生一定的差异。高速公路由于没有照明设施，夜间人体视觉机能下降，驾驶人的有效视距较白天大大下降，而我国对于高速公路夜间限速却执行与白天相同的标准，显然并不合适。

　　目前限速的合理性问题受到社会各界的普遍关注，急需理论支撑。鉴于上述背景，本书拟从高速道路车速特征规律及影响因素分析入手，研究高速道路车速限制的理论模型与实施方法及夜间环境下高速公路车速限制值的确定方法，为提高高速道路运营的高效性、安全性、经济性、舒适性及决策管理的科学性提供理论支撑与参考。

　　本书的研究内容得到了高等学校博士学科点专项科研基金"基于多目标动态优化的高速公路车速限制取值方法研究"（新教师基金课题，200802131013）、吉林省教育厅"十一五"科学技术研究项目"高等级公路车速限制合理取值及实施措施研究"（2009158）、吉林省教育厅"十二五"科学技术研究项目"基于驾驶员特性的高速公路夜间车速限制研究"（2012196）的资助。全书分为九章，主要内容包括绪论、高速道路车速特征调查与分析、高速道路最高车速限制方法与基准值计算、高速道路最高车速限制基准值的修正、高速道路最低车速限制与限速实施方法、高速道路不良天气条件下的车速限制、高速公路驾驶人昼夜识别距离特征、高速公路驾驶人昼夜感知速度特征、夜间环境下高速公路最高车速限制等。本书写作分工为：哈尔滨工业大学程国柱撰写第1～4、7～9章，长春工程学院徐亮撰写第5、6章。全书由程国柱、徐亮统稿，哈尔滨工业大学研究生韩娟参与了数据分析与模型构建，吉林省高等级公路建设局薛长龙为高速公路驾驶人识别距离与感知速度特征试验提供了帮助，知识产权出版社刘爽编辑为本书的出版提供了大力支持，在此一并表示感谢。

　　本书写作过程中参考了有关标准、规范和论著，在此谨向有关作者表示衷心的感谢。由于作者水平有限，书中难免有不足之处，敬请读者批评指正。

目　　录

第 1 章

绪　　论

本章主要介绍高速道路车速限制理论与方法的研究背景、国内外研究现状,以及本书主要的研究内容,包括高速道路车速特征调查与分析、高速道路最高车速限制方法与基准值计算、高速道路最高车速限制基准值的修正、高速道路最低车速限制与限速实施方法、高速道路不良天气条件下的车速限制、高速公路驾驶人昼夜间识别距离特征、高速公路驾驶人昼夜感知速度特征、夜间环境下高速公路最高车速限制。

1.1 研究背景与研究意义

1.1.1 研究背景

本书所研究的高速道路包括高速公路和城市快速路,是指"设有中央分隔带,具有四条以上机动车道,全部采用立体交叉与控制出入,专供汽车以较高速度行驶的道路"。

高速道路通过改善道路条件和交通环境,以大容量、高速度的交通功能,满足日益增长的城际及过境交通需求,有效地缓解了交通压力,为人们出行提供了快速、高效的运行环境,具有良好的社会效益和经济效益。但是高速道路也有其负面影响,即因超速行驶而导致的高事故率和高死亡率。超速行驶现象在道路尤其是高速道路交通运行过程中极为普遍,为道路交通事故的发生埋下了隐患。根据美国公路交通安全机构统计,全美年均道路死亡事故中近 1/3 与超速行驶有关。我国每年机动车违章超速行驶造成的交通事故均在 3 万起以上,占全年交通事故总数的 8%;因超速行驶事故死亡的人数占全年事故死亡人数的 11% 以上,是致死事故发生的最主要原因。澳大利亚和美国的研究表明,当车速大于 60km/h 时,车速每增加 5km/h,事故率约为原来的两倍,事故的严重程度也将呈指数形式增长。

高速道路的车速限制是指"为保证高速道路行车的快速、安全、经济与舒适,结合道路、交通、环境等条件,合理确定车辆在道路上行驶时的最高和最低车速值,控制车辆实际运行车速的过程"。世界上绝大多数国家对车辆在道路上行驶都有车速限制,如意大利最高限速为 140km/h,法国、奥地利和瑞士为 130km/h,西班牙、葡萄牙、芬兰、比利时、保加利亚和卢森堡为 120km/h,俄罗斯、英国、瑞典、波兰、捷克和斯洛伐克为 110km/h,日本、匈牙利、希腊、丹麦、荷兰和摩洛哥为 100km/h,罗马尼亚、土耳其和挪威为 90km/h,美国为 88km/h。我国于 2004 年 5 月 1 日实施的《中华人民共和国道路交通安全法》规定高速公路限速标志标明的最高限速不超过 120km/h。显然,由于各条道路自身条件和交通情况等的不同,以上规定只能作为一种指导性的标准。即使是在同一条道路上,不同路段所采用的线形指标、交通状况等也可能有较大的不同,其限速值也应不同。

此外,与设置了路灯的城市快速路相比,高速公路由于未设置夜间照明装置,其夜间比白天更容易发生交通事故。我国交通事故率夜间比白天高 1~1.5 倍。根据 PHILIP 公司统计,美国的交通事故死亡中有一半发生在夜间,按照公里加权计算,夜间交通事故死亡率是白天的 2.5 倍。这是因为高速公路驾驶人夜间视觉机能与有效视距大大下降,受人体睡眠节律影响,夜间人体生理节律处于低潮,觉醒程度下降,导致反应判断时间延长,操作失误的概率增加;而夜间交通量下降导致驾驶人连续行驶一段时间后,对速度的感知迟钝,超速行驶导致交通事故多发。高速公路夜间行车限速是个复杂的系统问题,需要从夜间行车的安全性出发,综合客观因素和主观因素,理论分析结合实地试验,选取合适的驾驶人特征指标,研究提出高速公路夜间行车合理限速值。

1.1.2　研究意义

鉴于上述背景，本书拟从高速道路车速特征规律及影响因素分析入手，研究高速道路车速限制的理论模型与设置方法，目的在于提高高速道路运营的高效性、安全性、经济性、舒适性及决策管理的科学性。研究的理论与实际意义如下。

（1）形成一套完整的高速道路车速限制理论与方法

在描述交通流特征的众多参数中，车速是影响交通流状态的重要参数之一，是道路设计、交通规划、交通管理与控制、交通设计及道路质量评价中的基础数据。本书以高速道路为研究对象，对其车速特征规律进行分析，并就运行车速与道路、交通及天气条件的关系开展研究，探讨高速道路车速限制方法，建立相应的理论模型；通过实地试验定量把握驾驶人的识别距离，研究驾驶人的昼夜识别距离和感知速度随线形、速度的变化规律；基于识别距离计算出夜间平纵组合线形下的理论限速值，基于驾驶人感知速度对理论限速值进行修正，从而形成一套完整的高速道路车速限制理论方法，填补相关研究领域的空白。

（2）为高速道路的安全管理提供依据

车速限制是高速道路安全管理的重要内容之一。在我国，受资金、技术、体制和观念等的制约，高速道路的安全管理水平总体上还比较落后，车速限制值多依据主观经验或采用设计速度，有关高速道路车速限制的方法尚缺乏系统的理论研究。本书将对高速道路车速的各种影响因素进行系统分析，基于高速道路运行效率、安全性、经济性与舒适性，研究体现高速道路系统动态特征的车速限制设置方法，以及夜间环境下基于驾驶人特征的行车速度限制方法，为高速道路的安全管理提供依据。

1.2　国内外研究现状

1.2.1　国外研究现状

1. 车速限制方法研究

车速限制在国外尤其是美国已经有相当长的一段历史，早期的目的是保证行人安全。1995年，美国交通研究委员会（Transportation Research Board）调查了各州车速限制的标准，并给出了各种类型道路车速限制设置的建议性指南，其中指出，目前美国车速限制的方法包括两种，即法令限速和区间车速限制。20 世纪 70 年代，受能源危机影响，为减少汽油消耗，美国以法令的形式规定最高车速限制，这项规定一直延续到 1995 年。此后，美国政府又将制定最高车速限制的权力下放给各州。而即使在同一个州，各条道路的自身条件也显著不同，因此针对那些与法定最高车速限制不一致的区段，当地政府被授权予以调整，其依据是实地的调查数据，目的是通过设置合理的车速限制来保证某一特定路段的安全性。

美国交通工程学会车速限制区间指导技术委员会推荐：车速限制应在工程研究的基础上制定，其数值最好比 85％位车速高 5mile/h❶左右。同时，还建议将几何线形、路侧设施、路面条

---

❶　非法定单位，1mile＝1.609km，下同。

件、行人与自行车、相邻路段的车速限制、交通事故等作为制定车速限制的依据。澳大利亚道路研究委员会（ARRB）开发了道路安全应用软件 XLIMITES，该软件包括复杂的决策支持方法，道路管理者可以应用该软件计算得出车速限制的推荐值。该软件考虑了现有车速限制、土地利用、道路特征、历史事故等影响因素。

Parker 为了确认对车速限制影响显著的因素，在美国及其地方政府交通管理部门展开调查，认为各影响因素根据影响的显著程度大小排序依次为：85％位车速、交通事故、车速众数、路侧设施的种类及数量。Parker 认为上述四种因素是可以量化的，它们被部分州的交通管理部门作为调整车速限制的依据。Garber 与 Gradiraju 研究得出以下结论：高速行驶与设计速度高有很大关系，而与现有的车速限制无关，并认为车速限制若低于设计速度 10mile/h，车速差异将维持在较小的范围内。Lave 和 Elias 的研究发现：车速的离散性越小，其发生事故的可能性就越小，因此车速限制的设置应立足于降低车速的离散性。

基于 85％位车速的车速限制方法是迄今为止被广泛采用的方法。Agent 等人对肯塔基州的车速限制方法进行了研究，认为 85％位车速应作为车速限制的基础，同时，他还推荐对小型车和大型卡车分别限速，并建议将限速标志作为交通控制设施的一种补充。Fitzpatrick 等人推荐所有道路的车速限制都应基于车速研究来确定，认为即使在设计速度低于运行车速的路段，85％位车速也是最为合适的车速限制值，新建或改建公路应该满足运行车速与最高期望限速的一致性要求。Fitzpatrick 通过对 128 个车速限制区间进行调查，发现在城市和郊区的集散道路及地方街道上，23％～52％的道路 85％位车速与车速限制值相等，而在乡村公路上这一比例则达到了 72％，从而得出结论：85％位车速只应作为车速限制的基准，实际的车速限制应比 85％位车速低 8～12mile/h。

Park Jaehyun 以佛罗里达州的主干路作为研究对象，选择了 104 个低事故率、85％位车速与车速限制值接近且交通流均匀的调查地点，收集的数据包括交通、道路几何线形以及路侧信息，建立了车速限制值与这些变量的关系模型，该模型与仅仅将 85％位车速作为车速限制值相比更为客观可行，同时消除了调整运行车速时的主观因素。

在运行车速与影响因素关系方面，国外学者在过去的几十年中开展了大量的研究并建了相应模型。Ottesen 与 Kramme 对平曲线运行车速推算模型进行了归纳总结，模型变量为曲率，模型形式包括线性模型、指数模型及幂函数模型。加拿大交通协会推荐了一种由 Krammers 等人建立的速度断面图模型，该模型通过引进"直线临界长度"的概念，对平面线形中的平直段进行了分类，该值与平直段的运行车速、相邻曲线的运行车速及车辆的加（减）速度有关。上述模型中的加（减）速度被假定为 $0.85m/s^2$，该值最初由 Lamm 等人给出并用于速度断面图模型。而 Easa 则提出建议，认为加速度应为 $0.54m/s^2$，而减速度为 $1m/s^2$。

2. 驾驶人夜间识别距离研究

对于驾驶人夜间识别距离，国外进行了相当广泛的研究。不少学者认为是由光照降低引起的视觉受限，识别距离发生变化。Konstantopoulos 等人通过记录机动车驾驶教练员和学员白天、夜间、雨天在驾驶模拟器中的眼球运动轨迹，对比分析发现能见度较低会减少驾驶人视觉搜索的有效性。Said M. Easa 等人研究了夜间增加光照是否对驾驶人产生影响，结果表明：在直线段上，光照强度的增加有助于提高驾驶人对标志的视认能力，然而在曲线段，由于过于信赖光照环境的改善，视认性变差，甚至产生反面作用。在排除夜间和白天共性因素的情况下，Plainis S. 和 Murray I. J. 对夜间驾驶人的反应时间进行了研究，建立了反应距离和光照强度的关系，得到夜间光照条件合理和不合理状态下的制动距离。

也有一些学者基于夜间识别距离的减弱，提倡采取设计或管理措施来改善行车环境。Wen Hua 等人构建了夜间两车道农村公路驾驶人的加减速模型，将曲线方向、曲率、曲线长度等作为加速、减速模型的变量，以期将此成果应用到道路设计中。Horberry 等人通过模拟夜间潮湿路面情况，对比尺寸加大的道路标志与常用标志的相对效益，发现参与者在标志尺寸加大的情况下会更好地保持行车位置和行驶速度，有利于提高安全性能。

3. 驾驶人夜间感知速度研究

诸多学者对驾驶人感知速度偏差原因进行了分析。Haglund 和 Aberg 对瑞典 533 位驾驶人行驶速度进行调查发现，有 47% ~ 58% 的驾驶人有超速行为，自我报告速度低于实际记录的平均速度。Suh 等人研究发现夜间驾驶人的视觉刺激是从道路标线与道路照明中集中获取的，夜间有限的照明条件会使驾驶人产生车辆行驶速度不快的错觉，导致驾驶人提高速度甚至超速行驶，发生事故，酿成悲剧。Henriette 等人通过对瑞典 219 名和土耳其 252 名驾驶人进行基于计划行为理论的调查问卷，研究文化差异对驾驶人速度选择的影响，发现道路交通死亡人数较少的国家与道路交通死亡人数多的国家相比，前者对限速持更积极的态度。Campbell 等人总结了影响驾驶人感知速度的因素。

关于感知速度偏差的定量分析，Walton 等人先后在新西兰做了 3 次试验，调查数据包括驾驶人自我报告的速度、感知其他车辆的平均速度和车辆实际速度，并将这三类速度划分为 6 组进行比较，1998 年调查中 85% ~ 90% 的驾驶人自我感知速度低于驾驶人平均速度，1999 年这一比例为 80%，2001 年则下降到了 52% 左右。Manser 和 Hancock 的研究指出：驾驶人在隧道行驶与夜间行驶有其相似之处，隧道壁纹理会降低行驶速度，这为交通安全工程师提供了改善隧道驾驶的依据。

4. 夜间限速研究

夜间交通量与白天相比小很多，但是事故率远高于白天。国外的夜间行车限速常常从事故入手进行分析，Ward 等人研究发现在傍晚和夜间 22：00 到次晨 2：00 的事故率最高；Bergdahl 调查分析了不同性别的驾驶人，发现有 16.2% 的男性很少甚至不遵守夜间限速值，而女性中这一比例则为 10.7%，从而造成夜间交通事故频发。因此，有学者开始指出夜间行车需要限速。Baker 分析发现夜间有限的行车照明会使驾驶人提高行驶速度并对速度的估计不足，光线的离散超出了视网膜的范围，因此需要对夜间行驶的车辆进行限速。德国 Daimleg-Benz 公司对交通事故的研究结果表明：驾驶人反应时间若能提早 1s 并采取措施，则大多数事故可以避免；在车速一定的情况下，夜间的视认距离变短，增加了行车难度和危险性，夜间行车从速度上需要进行严格控制。

关于夜间限速值的确定，Kilpeläinen 和 Summala 研究发现夜间或者恶劣天气下驾驶人会采取降低行驶速度的方法，一般会降低 6 ~ 7km/h。Fitzpatrick 研究发现 85% 位运行速度都高于限速，50% 位运行速度接近限速值。Margaret J. Gile 对澳大利亚西部驾驶人限速遵守情况进行了多因素分析，认为超速是由超速驾驶的危险行为或不小心驾驶习惯造成的。在这项研究中还提到了车辆和道路环境功能的重要性，发现 62% 的车辆速度的变化可以用相关的道路环境和车辆变量来解释。值得注意的是，驾驶人在实际行驶时似乎会将限速值作为车速目标而并非道路最舒适行驶速度，决策者制定限速值时要考虑道路和限速的匹配性。

1.2.2 国内研究现状

1. 车速限制方法研究

国内研究针对我国高等级公路超速行驶严重的现象，对影响限制车速设置的因素进行了初步探讨，就其中的道路线形、交通量等因素与运行车速的关系进行了量化研究，并给出了限速建议。

张开冉对驾驶人在有速度限制的道路上行车时的速度选择问题进行研究，结果表明，驾驶人对自身行车速度的判断是以所在路段的速度限制为依据的，即使在限速条件下，仍有 61% 的驾驶者超速行车。

罗良鑫探讨了基于人的信息处理过程的道路限速设置方法，从人的信息传输速率角度推导了道路建议限速的计算公式。

孙会元等人通过对新建公路限制车速与行车安全视距值之间的关系研究，对新建公路限制车速采用的行车安全视距值与影响因素进行量化，提供了新建公路限速选用的行车安全视距范围。

高建平对高等级公路车速限制的设定、发布及实施进行了研究，提出了应根据公路、交通、气象、历史事故数据等条件动态确定车速限制值，并就高等级公路车速管理的实施进行了探讨，重点强调了道路设计和交通安全文化建设在实施车速管理中的重要性。

翟润平探讨了道路上不同交通流量、不同能见度、不同路面附着系数、不同道路线形等条件下的速度计算公式和修正系数。

2. 驾驶人夜间识别距离研究

关于驾驶人识别距离影响因素方面，潘振斌和杨荫研究了公路暗视场条件下驾驶人视觉特性，发现日落前后受环境照度变化影响，驾驶人的视力降低约 50%，并且夜间视认能力随物体大小、高度增加而增大，按照白、乳白、红、绿、灰、黑的颜色顺序递减。

国内对夜间驾驶人的识别距离研究，大多数是基于速度和识别距离关系进行的。康国祥和方守恩利用实地试验的方法，得到辨识距离与车速呈二次回归关系，且当车速超过 40km/h 时，相关回归关系出现拐点，产生"运动效应"。黄凯和侯德藻等实车测定的结果表明：在低于 120km/h 速度运行时，速度对驾驶人的视认距离影响并不明显。赵炜华和刘浩学运用 BP 神经网络对距离判识结果进行拟合发现：相对距离判识结果和绝对距离判识结果均随速度的增加而减小，夜间判识距离大于白天，并且对相对距离判识比绝对距离判识的准确性高。潘晓东利用眼动仪进行逆光条件下交通标志的可视距离研究，发现人文交通标志的可视距离随车速的提高而降低；同一实验车速，顺光最佳，其次为夜间反光，逆光视认性最差。

3. 驾驶人夜间感知速度研究

国内对于驾驶人感知速度的研究多集中分析影响因素，如李小华等研究发现高速时距离对速度估计的影响大于低速情况，短距离大于长距离，因此对速度估计研究要以高速度、短距离为宜。

艾力·斯木吐拉和马晓松的研究指出，行驶时间的增加会使驾驶人速度估计明显偏小于标准时间，连续开车 7~12h 的驾驶人，速度估计时间将会小于标准时间 0.6s 左右，大大降低了行驶安全性。

4. 夜间限速研究

国内针对夜间限速的研究很少，多数研究仅仅将其作为研究考虑的因素之一。王清华研究了可变速度下的高速公路主线控制，考虑 7 个限速要素，提出了 4 种限速模型，仿真实验中不同车型的限速加权建模，将昼夜限速影响因素取 0 和 1，没有单独研究昼夜可变限速。孙英杰在研究山区高速公路合理限速时指出，某些路段在白天和夜间采取的限速数值也可不同，但并未进行专门的夜间限速研究。

关于考虑行车连续性的限速设置方面，王晓楠通过梳理限速分段的影响因素，来确定限速段的最小长度，提出基于有序聚类分析法的限速段划分方法，并对该方法进行了速度差检验。徐婷在明确公路限速段和过渡段的基础上，提出利用驾驶人的安全和短期记忆来确定限速段长度，基于概率的运行速度差判别方法确定过渡段的长度，其中短期记忆时间和速度差界限分别利用室内模拟试验和 VISSIM 仿真试验得到。

1.2.3 国内研究现状评述

根据上述国内外研究情况的综述，国外车速限制方法的研究均通过对现场实测数据的分析，对车速限制值的影响因素进行系统研究，这些影响因素包括 85％位车速、设计速度、道路与交通条件、交通安全等，在此基础上给出合理的车速限制值，并开发了相应的应用系统。由于国外的道路与交通条件与我国存在差异，而且采集的车速数据又是在已设置限速标志的条件下获取的，因此其车速限制方法的适用性尚需进一步研究。值得注意的是，国外在驾驶人夜间识别距离和感知速度分析方面，多从事故规律着手展开，而未针对不同线形条件下的夜间识别距离和感知速度开展限速研究。

国内在实施高速道路车速限制时，多以设计速度和运行车速为依据，相关研究包括基于不同线形条件的车速限制研究、不同交通流量条件下的车速限制问题、限制车速采用的行车安全视距及限速标志设置原则等方面。这些研究成果为我国在车速限制研究方面提供了一定的理论积累，但普遍存在着考虑因素过于单一的问题，没有考虑车速限制与运行效率、安全性、经济性与舒适性的综合关系，所提出的车速限制方法无法实现高速道路的综合功能。夜间驾驶人的识别距离研究集中于动态下驾驶人的识别距离研究，而线形与识别距离的关系多数从设计角度出发，提出设计中如何改善，没有对不同线形下的识别距离进行定量分析；夜间驾驶人感知速度研究都是从感知因素的影响出发，没有定量给出速度感知的偏差。尽管多数学者也提到夜间限速的必要性，但都没有进行深入研究，给出夜间行车合理限速值。

基于上述分析，本书旨在提出一套综合考虑高速道路效率、安全、经济与舒适功能实现的车速限制方法，并对不利天气条件下的车速限制问题与高速道路车速限制的实施方法进行研究；研究驾驶人夜间识别距离和感知速度规律，进而提出高速公路夜间行车合理限速值，为我国高速道路车速限制问题研究提供新的见解与思路，为道路交通管理部门合理制定车速限制标准提供理论依据。

1.3 本书的主要内容

1.3.1 高速道路车速特征调查与分析

（1）高速道路交通数据采集与处理

介绍与车速限制相关的车速定义与分类、高速道路车速与道路线形、交通参数调查方案，以及车型划分和数据处理方法。

（2）不同线形条件下的车速特征

分别分析高速公路与城市快速路平直路段、曲线段及坡度段的 85％位车速与 15％位车速特征。

（3）不同交通条件下的车速特征

分别分析高速公路与城市快速路在不同交通量与交通组成条件下的 85％位车速与 15％位车速特征。

（4）不良天气条件下的车速特征

对比分析雨天与晴天高速公路不同车型的 85％位车速与 15％位车速特征，以及雨天不同车道的分车型 85％位车速与 15％位车速特征。

1.3.2　高速道路最高车速限制方法与基准值计算

（1）高速道路最高车速限制的基本思想

介绍高速道路最高车速限制应遵循的原则，确定高速道路最高车速限制的基本思路，即采用多目标优化方法，在效率、安全、经济与舒适之间寻求最优解。

（2）目标函数与约束条件

构建基于运行效率与燃油经济性的高速道路最高车速限制目标函数，给出基于安全性与舒适性的约束条件。

（3）基本路段最高车速限制基准值计算

构建高速道路基于汽车行驶广义费用最小的最高车速限制基准值计算模型，在对模型参数标定的基础上，给出模型求解方法，据此计算给出高速道路基本路段最高车速限制的基准值。

（4）高速道路匝道出口处主线车速限制

研究给出高速道路匝道出口处主线安全车速的计算方法，计算确定高速道路匝道出口处主线最高车速限制建议值。

1.3.3　高速道路最高车速限制基准值的修正

（1）最高车速限制基准值修正系数

分析影响高速道路运行车速的客观因素，给出高速道路最高车速限制基准值修正系数的定义与计算方法。

（2）道路线形条件影响的修正

分别对高速道路平曲线半径、纵坡坡度及坡长与小型车和大型车运行车速进行回归分析，计算给出高速道路最高车速限制基准值的平纵线形修正系数及车道数与车道位置修正系数。

（3）交通条件影响的修正

分别对高速道路平直路段的运行车速与大型车比例、交通量进行回归分析，计算给出高速道路最高车速限制基准值的交通量与交通组成影响修正系数。

（4）路面条件影响的修正

构建乘客不舒适感量化指数与车速及路面状况指数的关系模型，给出设计速度为 120km/h 的高速公路对应不同路面状况的小型最高车速限制值及相应的修正系数。

1.3.4　高速道路最低车速限制与限速实施方法

（1）最低车速限制方法

介绍高速道路最低车速限制应遵循的原则，提出基于经济车速及车速离散程度约束的高速道路最低车速限制方法。

（2）基于安全性的约束条件

构建高速道路亿车公里事故率与车速离散度的关系模型，以一级安全水平对应的事故率上限作为容忍值，给出基于安全性的高速道路最低车速限制约束条件。

（3）最低车速限制值的确定

构建高速度道路油耗与车辆行驶车速的回归关系模型，给出高速道路对应不同坡度的经济车速，以及高速道路分车型最低车速限制值。

（4）车速限制实施方法

提出不同车道数高速道路的分车型与分车道车速限制方法，给出车速限制区间的概念及划分指标与划分准则，确定车速限制区间合并的相邻路段最高车速限制值。

1.3.5 高速道路不良天气条件下的车速限制

（1）不良天气对交通安全的影响机理

从路面附着系数与能见度角度分析雨、雪、雾等不良天气条件对道路交通安全的影响机理。

（2）不良天气条件下相关车速限制标准

介绍国内外对不良天气条件下已有的车速限制标准，并对其进行评述。

（3）不良天气条件下车速限制标准建议

推导不良天气条件下基于安全距离的车速限制值计算公式，据此分别给出雾天、雨天及雪天对应不同能见度、附着系数及纵坡的车速限制标准建议。

1.3.6 高速公路驾驶人昼夜间识别距离特征

（1）驾驶人识别距离试验方案

选取合适的高速公路驾驶人识别距离试验路段，设计试验思路与试验步骤，获取高速公路驾驶人昼夜识别距离数据。

（2）驾驶人昼夜识别距离对比

对高速公路驾驶人昼夜识别距离极限值出现条件和整体趋势进行对比，初步分析道路线形条件对其产生的影响。

（3）驾驶人昼夜识别距离变化规律

研究高速公路驾驶人的昼夜识别距离在速度、平曲线半径、纵坡三个因素影响下的变化规律，分析其与各线形指标之间的关系。

（4）驾驶人昼夜识别距离模型

构建驾驶人昼夜识别距离与速度、平曲线半径、纵坡值之间的多元非线性关系模型，并对模型进行对比分析。

1.3.7 高速公路驾驶人昼夜感知速度特征

（1）驾驶人感知速度试验方案

选取与驾驶人识别距离相同的试验路段，同步设计高速公路驾驶人感知速度试验思路与试验步骤，获取高速公路驾驶人昼夜感知速度数据。

（2）驾驶人昼夜感知速度分析

分析高速公路驾驶人感知速度的影响因素，对比分析高速公路驾驶人在不同行驶速度与线形条件下的昼夜感知速度数据。

（3）驾驶人昼夜感知速度变化规律

定量分析高速公路驾驶人昼夜感知速度与实际行驶速度、平曲线半径、纵坡坡度存在的相关关系，构建相关的一元关系模型。

（4）驾驶人昼夜感知速度模型

在自变量筛选分析的基础上，构建高速公路驾驶人昼夜感知速度与实际行驶速度、平曲线半径、纵坡坡度的多元非线性关系模型。

1.3.8　夜间环境下高速公路最高车速限制

（1）理论模型构建

根据驾驶人反应制动距离和识别距离模型关系，建立两者之间的夜间安全行驶判别条件，计算给出不同平纵组合线形条件下的高速公路夜间理论限速值。

（2）基于感知速度的夜间修正限速值

通过对比白天和夜间驾驶人的安全感受，利用高速公路驾驶人昼夜感知速度模型对理论限速值进行修正，计算给出不同平纵组合线形条件下的修正限速值。

（3）基于行车连续性的夜间限速设置

基于夜间行车连续性考虑，确定限速段的长度，并对限速段进行划分，给出理论限速值下的连续性设置方法，利用感知速度模型对其进行修正，并用概率统计方法给出 95％ 置信水平下的修正限速值范围。

第 2 章

高速道路车速特征
调查与分析

为开展高速道路车速限制方法研究，首先应通过现场调查获取高速道路的交通及道路条件数据，在对调查数据进行统计的基础上，分析高速道路的车速特征，从而掌握高速道路运行车辆在不同道路线形条件、交通条件及不良天气条件下的车速分布规律，为提出科学合理的高速道路车速限制方法及车速限制标准建议提供数据支持。

2.1　高速道路交通数据采集与处理

2.1.1　车速的定义与分类

车辆或车流的速度是一项重要的基本参数，其一般定义是：车辆在单位时间内行驶的距离。根据本研究的目的，对各类车速的分类与定义如下。

①地点车速：车辆通过道路某一地点（道路某断面）时的速度，亦称点车速、瞬时速度，是描述道路某地点交通状况的重要参数，常用于研究制定车速限制标准。

②行驶车速：是车辆行驶在道路某一区间的距离与行驶时间（停车时间除外）的比值，在研究行车经济性、分析车速与油耗的关系时，所用到的车速即为行驶车速。

③设计速度：设计速度是针对道路几何受限路段而规定的一个最高安全车速，用来确定设计道路的几何特征，我国现阶段交通管理部门在确定最高车速限制时通常以设计速度作为依据，但是超过设计速度并不一定是"不安全"的。

④85%位车速：累计车速分布曲线中，累计频率为85%时的相应车速，亦称运行速度，是最高车速限制的重要依据。

⑤15%位车速：累计车速分布曲线中，累计频率为15%时的相应车速，是最低车速限制的重要依据。

⑥经济车速：机动车发动机油耗量较低、机件磨损较小的情况下可能达到的合理行驶速度，经济车速对节油、节胎、延长车辆的使用寿命都是十分有利的。

2.1.2　数据资料采集

研究过程中实测及收集的数据资料包括地点车速、交通量、车型及道路线形指标。其中，道路线形指标包括平面线形指标（平曲线半径、转角、曲线长度）、纵断面指标（坡度、坡长）、横断面指标（车道数量）。

（1）数据采集设备

鉴于本研究的成果需要单车信息，在综合对比多种数据采集设备性能特点及快速道路调查方案实施可行性的基础上，高速公路交通调查采用澳大利亚 Microcom Pty 公司的 Metro-Count5600 车辆分型统计系统；快速路交通调查采用采用深圳神州交通系统公司 VideoTrace 视频检测系统。

（2）方案的制定与实施

根据道路线形条件，调查地点分为平直段、曲线段和坡度段，平直段的界定条件为纵坡 $i<$ 1.5%，曲线段的调查位置设在曲中点，坡度段的调查位置设在坡顶或坡底。

1）高速公路交通调查。

课题组对哈尔滨绕城高速公路西段和哈同高速公路（哈尔滨至同江高速公路，以下简称哈同公路）进行了交通调查。其中，哈尔滨绕城高速公路为新建高速公路，设计速度 120km/h；哈同公路为升级改造的高速公路，设计速度 80km/h。

哈尔滨绕城高速公路西段的调查位置共计 16 处，其中平直段 2 处、曲线段 7 处、坡度段 7 处；哈同公路的调查位置共计 15 处，其中平直段 1 处、曲线段 7 处、坡度段 7 处。平直段具体调查位置及其线形指标见表 2.1。

曲线段具体调查位置及其线形指标见表 2.2，表中 R 代表平曲线半径，α 代表转角，L_s 代表缓和曲线长度；L 代表曲线长度。

表 2.1　　　　　　　　　　　　　高速公路平直段调查位置及其线形指标

高速公路	里程桩号	线形指标	备注
哈尔滨绕城高速公路	K43+000	$i=0.7\%$	—
	K56+800	$i=0.061\%$	—
哈同公路	K446+080	$i=0$	雨天观测

表 2.2　　　　　　　　　　　　　高速公路曲线段调查位置及其线形指标

高速公路	里程桩号	线形指标
哈尔滨绕城高速公路	K28+666	$R=6500m$，$\alpha_右=25°44'27''$，$L_s=0m$，$L=2920.22m$
	K32+601	$R=6000m$，$\alpha_左=19°24'30''$，$L_s=0m$，$L=2032.46m$
	K37+943	$R=2500m$，$\alpha_右=57°56'56''$，$L_s=400m$，$L=2728m$
	K39+678	$R=1500m$，$\alpha_右=42°25'39''$，$L_s=150，300m$，$L=1290m$
	K47+870	$R=13\ 700m$，$\alpha_右=13°20'41''$，$L_s=0m$，$L=3190m$
	K52+553	$R=5500m$，$\alpha_右=12°04'48''$，$L_s=0m$，$L=1159m$
	K62+510	$R=3800m$，$\alpha_右=72°54'37''$，$L_s=800m$，$L=5635m$
哈同公路	K445+000	$R=9930m$，$\alpha_左=8°43'42''$，$L_s=0m$，$L=1512.7m$
	K447+750	$R=2510m$，$\alpha_右=29°38'01''$，$L_s=0m$，$L=1298.2m$
	K455+000	$R=2506m$，$\alpha_右=34°24'28''$，$L_s=0m$，$L=1505.8m$
	K457+000	$R=1094m$，$\alpha_左=85°47'36''$，$L_s=446.32m$，$L=2084.8m$
	K460+000	$R=2506m$，$\alpha_右=43°20'45''$，$L_s=0m$，$L=1896\ m$
	K538+460	$R=11\ 158m$，$\alpha_左=9°12'34''$，$L_s=0m$，$L=1793.49m$
	K541+350	$R=5010m$，$\alpha_左=16°15'03''$，$L_s=0m$，$L=5010m$

坡度段具体调查位置及其线形指标见表 2.3。表中，i_1、i_2 分别代表与调查位置相邻的两个路段的纵坡坡度（负号代表下坡）；s_1、s_2 分别代表与调查位置相邻的两个路段的纵坡坡长；$R_凸$ 和 $R_凹$ 分别代表凸形和凹形竖曲线半径。

2）快速路交通调查。

课题组对北京、广州、深圳、沈阳和哈尔滨的 8 条快速路进行了交通调查，其中北京 3 条、广州 2 条、深圳 1 条、沈阳 1 条、哈尔滨 1 条。

调查曲线段 4 处、坡度段 4 处。快速路曲线段调查位置及其几何参数见表 2.4；坡度段调查位置及其几何参数见表 2.5。

表 2.5 中纵坡坡度一列，负号代表下坡。其中，哈尔滨市大庆路一个方向的纵坡为 0，用作

平直段数据分析。

表 2.3　　　　　　　　　　　　高速公路坡度段调查位置及其线形指标

高速公路	里程桩号	线形指标	备注
哈尔滨绕城高速公路	K30+700（坡底）	$i_1=-1.5\%$，$s_1=800$m，$i_2=-1\%$，$s_2=1100$m，$R_凹=20\,000$m	1 为瓦盆窑—秦家方向；2 为秦家—瓦盆窑方向。
	K31+800（坡顶）	$i_1=1\%$，$s_1=1100$m，$i_2=1.5\%$，$s_2=720$m，$R_凸=35\,000$m	
	K35+160（坡顶）	$i_1=-0.11\%$，$s_1=1200$m，$i_2=1.8\%$，$s_2=790$m，$R_凸=24\,000$m	
	K35+950（坡底）	$i_1=-1.8\%$，$s_1=790$m，$i_2=-1.9\%$，$s_2=1490$m，$R_凹=15\,000$m	
	K50+120（坡底）	$i_1=0$，$s_1=1600$m，$i_2=-2.6\%$，$s_2=720$m，$R_凹=12\,000$m	
	K50+840（坡顶）	$i_1=2.6\%$，$s_1=720$m，$i_2=2.6\%$，$s_2=720$m，$R_凸=17\,000$m	
	K51+560（坡底）	$i_1=-2.6\%$，$s_1=720$m，$i_2=0$，$s_2=770$m，$R_凹=12\,000$m	
哈同公路	K431+110（坡顶）	$i_1=4.5\%$，$s_1=782$m，$i_2=3\%$，$s_2=890$m，$R_凸=4\,800$m	1 为哈尔滨—方正方向；2 为方正—哈尔滨方向。
	K432+000（坡底）	$i_1=-3\%$，$s_1=890$m，$i_2=-3.9\%$，$s_2=512$m，$R_凹=6\,000$m	
	K433+400（坡顶）	$i_1=1.21\%$，$s_1=888$m，$i_2=1.63\%$，$s_2=1345$m，$R_凸=14\,000$m	
	K435+800（坡底）	$i_1=-2.4\%$，$s_1=567$m，$i_2=-2.56\%$，$s_2=660$m，$R_凹=4\,750$m	
	K437+350（坡底）	$i_1=-1.9\%$，$s_1=883$m，$i_2=-2.3\%$，$s_2=350$m，$R_凹=9\,500$m	
	K437+700（坡顶）	$i_1=2.3$，$s_1=350$m，$i_2=3.3\%$，$s_2=400$m，$R_凸=7\,150$m	
	K542+689（坡顶）	$i_1=0.825\%$，$s_1=531$m，$i_2=3.944$，$s_2=249$m，$R_凸=10\,300$m	

表 2.4　　　　　　　　　　　　快速路曲线段调查位置及其几何参数

快速路	曲线半径	横断面指标
广州内环 B 线	$R=288$m	单向三车道，车道宽度 3.5m，路缘带宽度 0.6m
北京北三环东路	$R=587$m	主路双向六车道，车道宽度 3.25m，辅路双向四车道，车道宽度 3.20m
深圳北环中康路	$R=974$m	主路双向八车道，车道宽度由中央到路侧分别为 3.25m×2、3.35×2，停车道宽 4m
沈阳东西快速干道	$R=322$m	双向四车道，车道宽度 3.75m

表 2.5　　　　　　　　　　　　快速路坡度段调查位置及其几何参数

快速路	纵坡坡度	横断面指标
北京东二环	$i=1\%$，-1%	主路双向六车道，车道宽度 3.2m
北京东三环	$i=2\%$	主路双向六车道，车道宽度 3.2m
广州内环 B 线	$i=-3\%$	单向三车道，车道宽度 3.5m
哈尔滨大庆路	$i=-3.57\%$，0	主路双向八车道，车道宽度由中央到路侧分别为 3.3m、3.5m、4m、4.75m

2.1.3　车型划分

由于两种数据采集系统的车型划分不完全一致，而且它们所划分的车辆类型过于复杂，不利于研究。为研究方便起见，本研究针对两种系统的车型划分依据，将其归并为两类，即小型车和大型车。

MetroCount 系统将车辆划分为 12 种车型，具体见表 2.6。

表 2.6　　　　　　　　　　　　MetroCount 系统车型划分

编号	车型代码	车辆种类	轴数	车长/m
1	MC	自行车或摩托车	2	5.5
2	SV	轻型客车或货车	2	
3	SVT	拖挂客车	3、4 或 5	5.5~14.5
4	TB2	两轴卡车或公共汽车	2	
5	TB3	三轴卡车或公共汽车	3	
6	T4	四轴卡车	>3	
7	ART3	三轴铰接车辆	3	11.5~19.0
8	ART4	四轴铰接车辆	4	
9	ART5	五轴铰接车辆	5	
10	ART6	六轴铰接车辆	≥6	
11	BD	两节重型卡车或拖车	≥6	>17.5
12	DRT	两节或三节公路列车	≥6	

在 MetroCount 系统中，将表 2.6 中的前三种车型定义为轻型车，其余车型定义为重型车。本书将 MC 和 SV 划为小型车，将其他车型划为大型车。VideoTrace 系统提供车长数据，供使用者划分车型。

本书依据《公路工程技术标准》（JTG B01—2014，以下简称《标准》）中的设计车辆外廓尺寸，将车长小于 6m 的车辆划分为小型车，长度大于 6m 的车辆划分为大型车。

2.1.4　数据处理

（1）高速公路数据处理

应用 MetroCount 系统的自带软件可以获取单车信息，用到的信息包括车辆到达时间、行驶方向、地点车速、车头时距、车型。根据车辆到达时间和记录的单车信息条数可统计任意时段的交通量。根据上述高速公路车型划分标准，可分别获取不同车型的交通量。

由于车辆尺寸大及动力性能的差别，大型车车速明显低于小型车，势必对小型车的正常运行产生干扰，从而导致交通流的整体车速降低，因此在条件允许的条件下，为不同车型的车辆提供专用的行驶车道并制定不同的车速限制标准是十分必要的。采用大型车比例 r 作为表征交通组成的指标，其计算公式为

$$r = \frac{Q_t \cdot E_t}{Q_t \cdot E_t + Q_c} \tag{2.1}$$

式中，E_t——大型车的折算系数；

Q_t——大型车交通量，辆/h；

Q_c——小型车交通量，辆/h。

公式（2.1）中的大型车折算系数以小客车为标准车型，根据《标准》中各代表车型的折算系数，对 MetroCount 系统中各车型的折算系数规定如表 2.7 所示。

表 2.7　　　　　　　　　　　　**MetroCount 系统各车型折算系数**

车型	车辆折算系数	《标准》中的代表车型
SV	1.0	小客车
SVT、TB2、TB3、T4	1.5	中型车
ART3、ART4、ART5、ART6	2.5	大型车
BD、DRT	4.0	汽车列车

（2）快速路数据处理

VideoTrace 系统可导出的单车信息诸项数据中，本研究予以应用的包括观测时间、车道位置、地点车速、车长和车头时距。对 VideoTrace 系统调查数据处理过程中采用的折算系数界定如表 2.8 所示。

表 2.8　　　　　　　　　　　　**VideoTrace 系统各车型折算系数**

车长/m	车辆折算系数	说明
0～6	1.0	小客车
6～12	1.5	中型车
12～16	2.5	大型车
>16	4.0	汽车列车

2.2　不同线形条件下的车速特征

在分析高速公路车速特征时，需选取能够分别反映大多数驾驶人和少数驾驶人车速选择行为的地点车速统计指标，并将其作为车速限制方法研究的依据之一。本章 2.1 节中介绍的 85％位车速与 15％位车速恰恰分别代表了大多数驾驶人和少数驾驶人的车速特征，因此可对观测的地点车速数据进行统计分析得到 85％位车速和 15％位车速的统计数据，对其进行车速特征分析。

2.2.1　平直段

（1）高速公路

高速公路平直段分车道、分车型 85％位车速数据列于表 2.9，15％位车速数据列于表 2.10。从表中可以看出：内侧车道的 85％位车速和 15％位车速要高于外侧车道，由于内侧车道为超车道，外侧车道为行车道，所以这是符合实际情况的。同时，由于表中小型车的 85％位车速和 15％位车速高于大型车，可以对不同车道和车型分别实行不同的车速限制标准。

表 2.9　　　　　　　　　　　　**高速公路平直段 85％位车速**　　　　　　　　　　　　单位：km/h

设计速度	内侧车道 85％位车速		外侧车道 85％位车速	
	小型车	大型车	小型车	大型车
120	135.9	96.1	133.3	96.0

表 2.10 　　　　　　　　　　　　　高速公路平直段 15% 位车速 　　　　　　　　　　　单位：km/h

设计速度	内侧车道 15% 位车速		外侧车道 15% 位车速	
	小型车	大型车	小型车	大型车
120	118.6	68.2	85.6	64.9

（2）快速路

快速路平直段的调查路段为哈尔滨市大庆路，设计速度 80km/h。快速路平直段分车道、分车型 85% 位车速及 15% 位车速如表 2.11 和表 2.12 所示。表中的车道编号含义如下：由道路中线向路侧的车道分别为 1、2、3。

从表 2.11 和表 2.12 中可以看出：6：00—7：00 时段的 85% 位车速及 15% 位车速要明显高于其他时段，而调查数据显示，该时段的交通量要小于其他时段，这为在平峰和高峰时段内分别实行不同的车速限制标准提供了依据。

快速路平直段不同车型及车道的车速对比情况见图 2.1 和图 2.2。从图中可以看出：与高速公路相同，快速路的小型车车速也明显高于大型车；而从不同车道的车速比较来看，快速路内侧车道的车速要高于外侧车道。

表 2.11 　　　　　　　　　　　　　　　快速路平直段 85% 位车速

观测时段	交通量/ (辆/h)	车道 1 (km/h)		车道 2 (km/h)		车道 3 (km/h)	
		小型车	大型车	小型车	大型车	小型车	大型车
6：00—7：00	981	80	70	80	74	80	72
7：00—8：00	1359	63	57	67	63	56	54
8：00—9：00	1702	59	53	64	55	51	51
9：00—10：00	1708	63	62	68	58	56	54
10：00—11：00	1586	64	63	62	58	54	45
11：00—12：00	1149	68	68	70	70	57	49

表 2.12 　　　　　　　　　　　　　　　快速路平直段 15% 位车速

观测时段	交通量/ (辆/h)	车道 1/(km/h)		车道 2/(km/h)		车道 3/(km/h)	
		小型车	大型车	小型车	大型车	小型车	大型车
6：00—7：00	981	52	48	47	46	40	37
7：00—8：00	1359	39	36	45	38	32	33
8：00—9：00	1702	41	35	39	35	31	31
9：00—10：00	1708	38	36	39	35	33	28
10：00—11：00	1586	37	33	36	33	29	26
11：00—12：00	1149	39	38	36	33	35	32

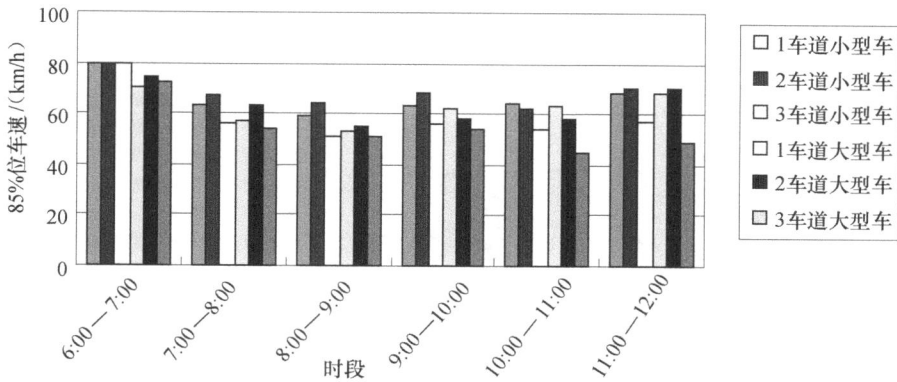

图 2.1　快速路平直段不同车道及车型 85％位车速对比

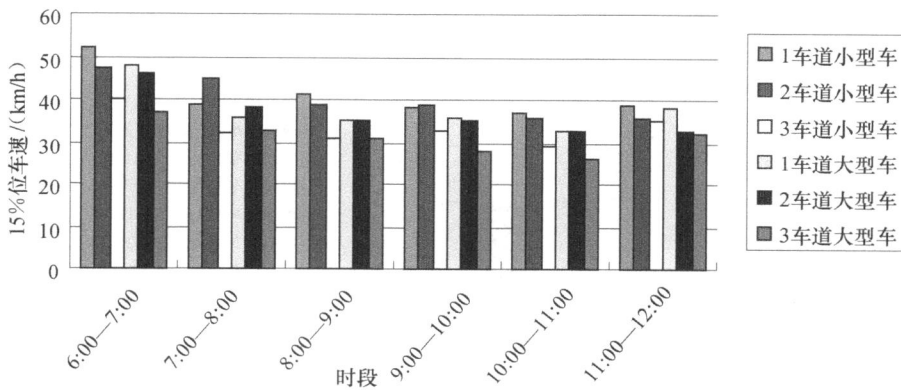

图 2.2　快速路平直段不同车道及车型 15％位车速对比

2.2.2　曲线段

（1）高速公路

高速公路曲线段不同车道的两组车速数据见表 2.13，对比情况如图 2.3 所示。从图中可以看出：高速公路曲线段不同车道之间的 85％位车速和 15％位车速差别不大，驾驶人在弯道一般并不会加速超车。因此，没有必要对高速公路曲线段不同车道分别进行车速限制。

表 2.13　　　　　　　　　　　　　高速公路曲线段分车道车速　　　　　　　　　　　单位：km/h

桩号	小型车 85％位车速		大型车 85％位车速		小型车 15％位车速		大型车 15％位车速	
	内侧车道	外侧车道	内侧车道	外侧车道	内侧车道	外侧车道	内侧车道	外侧车道
K28＋666	127.8	127.9	82.9	83.1	83.2	81.5	55.2	53.7
K37＋943	135.4	134.1	79.3	79.8	77.1	79.7	58.2	57.3

（2）快速路

研究快速路曲线段不同时段、不同车道的 85％位车速特征。快速路曲线段（北京市北三环东路）不同时段 85％位车速及 15％位车速见表 2.14。

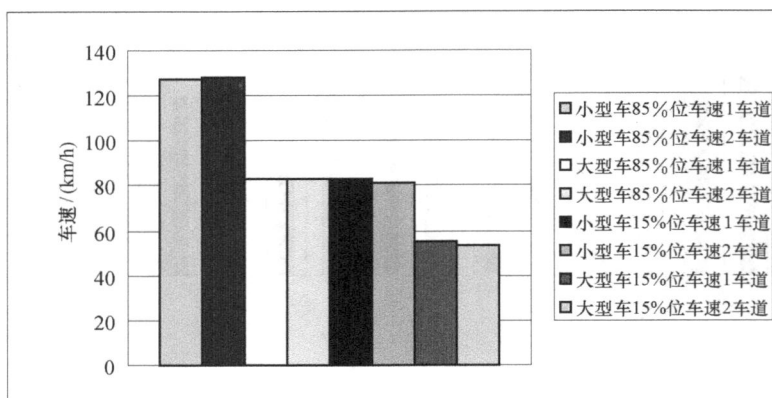

(a) 哈尔滨绕城高速 K28+666

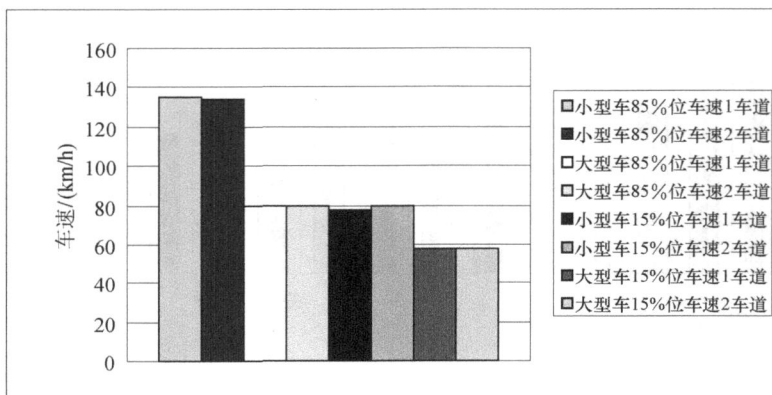

(b) 哈尔滨绕城高速 K37+943

图 2.3　高速公路曲线段分车道车速对比

表 2.14　　　　　　　　　　快速路曲线段不同时段车速特征

时段	交通量/ (辆/h)	85%位车速/(km/h)		15%位车速/(km/h)	
		小型车	大型车	小型车	大型车
5：30—6：30	1298	91	81	63	58
6：30—7：30	3239	69	66	44	42
7：30—8：30	1780	49	40	23	16
8：30—9：30	3437	62	56	40	26
9：30—10：30	2921	60	49	30	20
10：30—11：30	3700	66	63	48	45
11：30—12：30	3236	68	68	52	52
12：30—13：30	3441	59	64	46	45
13：30—14：30	3669	59	59	46	45
14：30—15：30	3710	62	58	47	45
15：30—16：30	3172	63	58	44	34
16：30—17：30	2343	60	54	29	15

从表 2.14 中可以看出：快速路曲线段车速在 5：30—6：30 时段最高，其他时段差别不大，而 5：30—6：30 时段的交通量最小，这与快速路平直路段的分布特征基本相同；从表中同时可以看出小型车车速要高于大型车。

快速路曲线段不同车道 85％位车速及 15％位车速见表 2.15 和表 2.16。根据表中数据对快速路不同车道的 85％位车速及 15％位车速进行对比，如图 2.4 和图 2.5 所示。

表 2.15　　　　　　　　　　快速路曲线段分车道 85％位车速　　　　　　　　　单位：km/h

编号	快速路	车道 1		车道 2		车道 3	
		小型车	大型车	小型车	大型车	小型车	大型车
1	北京北三环东路	67	63	67	56	58	49
2		65	64	65	62	61	56
3	深圳北环中康路	105	91	86	71	80	71
4		83	82	83	79	79	74
5	广州内环 B 线	48	45	49	45	47	40

表 2.16　　　　　　　　　　快速路曲线段分车道 15％位车速　　　　　　　　　单位：km/h

编号	快速路	车道 1		车道 2		车道 3	
		小型车	大型车	小型车	大型车	小型车	大型车
1	北京北三环东路	40	22	39	25	29	18
2		49	48	48	45	41	36
3	深圳北环中康路	53	53	50	45	49	41
4		60	55	58	55	56	53
5	广州内环 B 线	37	33	37	32	35	30

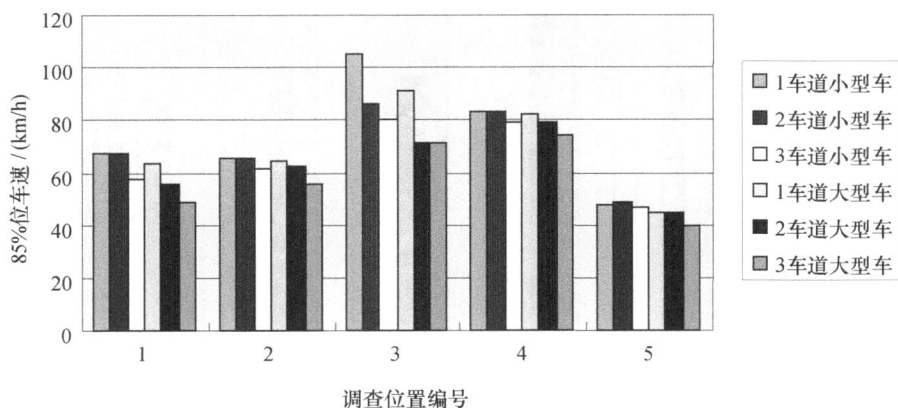

图 2.4　快速路曲线段不同车道 85％位车速

从图 2.4 和图 2.5 中可以看出：快速路曲线段内侧车道和中间车道的车速高于外侧车道，而内侧车道与中间车道的车速值则基本持平，因此在快速路曲线段可以实施分车道车速限制标准。同时，小型车的车速要明显高于大型车。

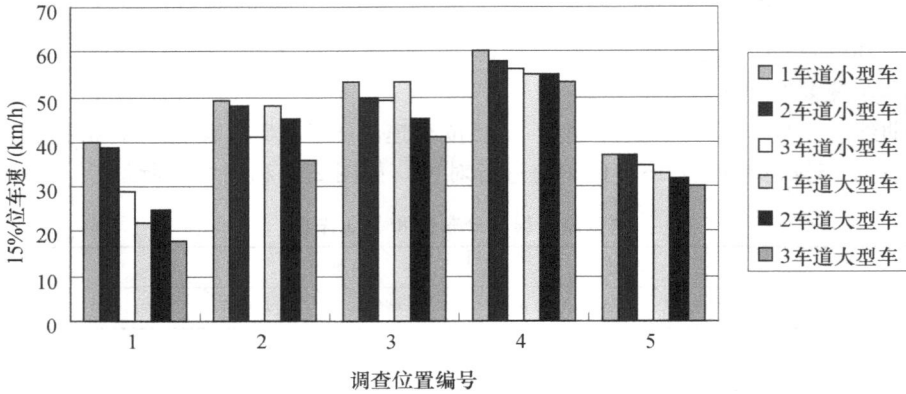

图 2.5　快速路曲线段不同车道 15％位车速

2.2.3　坡度段

（1）高速公路

坡度段车速特征分析可分为两种情况，即上坡路段和下坡路段。

1）上坡路段车速特征。

高速公路上坡路段的坡底与坡顶 85％位车速及 15％位车速对比情况如图 2.6、图 2.7 所示。从图中可以看出：当上坡坡度超过 2.3％时，坡底 85％位车速将高于坡顶 85％位车速；当上坡坡度超过 1.8％时，坡底 15％位车速将高于坡顶 15％位车速。

鉴于在上坡路段，当坡度超过一定数值时，车辆将处于减速状态，因此对上坡路段无需实施最高车速限制。

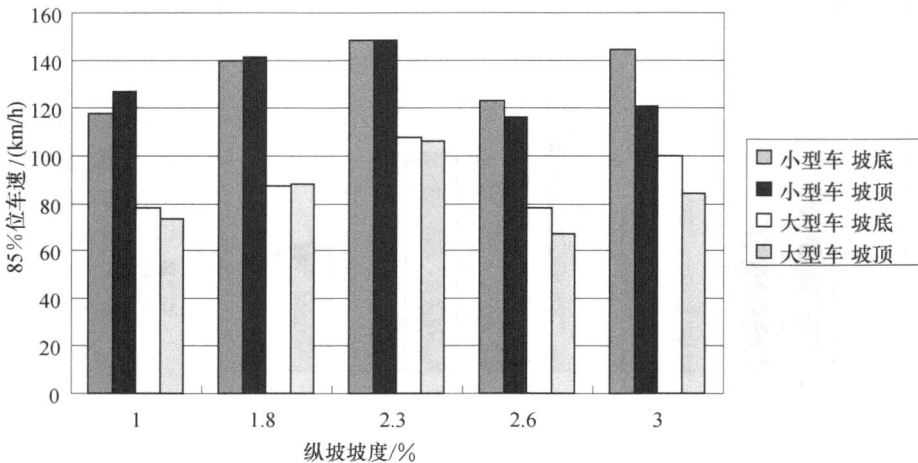

图 2.6　高速公路上坡路段 85％位车速特征

2）下坡路段车速特征。

高速公路下坡路段 85％位车速与 15％位车速数据见表 2.17 和表 2.18。从表中可以看出：车辆在下坡过程中处于加速状态，四个调查地点的坡底 85％位车速和 15％位车速均高于坡顶，因此有必要在下坡路段坡顶对车辆进行最高车速限制。

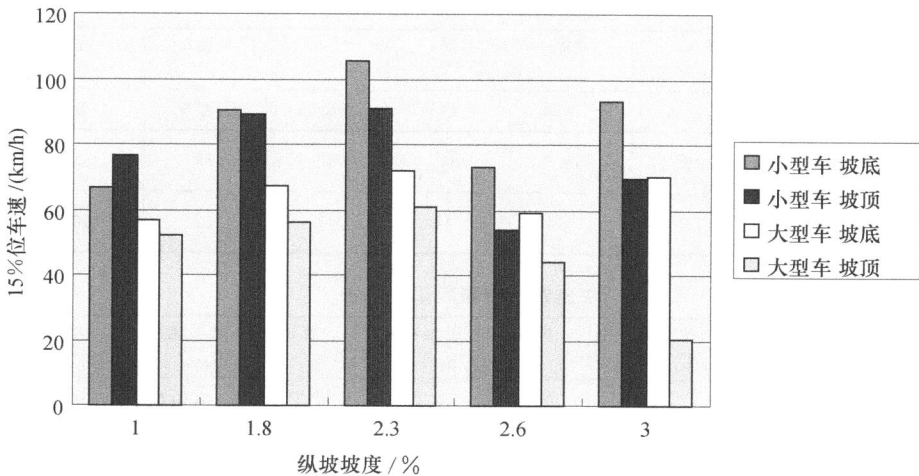

图 2.7　高速公路上坡路段 15％位车速特征

表 2.17　　　　　　　　　　高速公路下坡路段 85％位车速特征

高速公路	桩号		坡度/ %	坡长/ m	坡顶 85％位车速/ (km/h)		坡底 85％位车速/ (km/h)	
	坡顶	坡底			小型车	大型车	小型车	大型车
绕城高速	K31＋800	K30＋700	－1.0	1100	132.3	78.7	134.0	80.0
	K35＋160	K35＋950	－1.8	790	103.3	72.8	139.7	76.1
	K50＋840	K50＋120	－2.6	720	119	73.9	140.3	90.5
哈同高速	K431＋110	K432＋000	－3.0	890	126.7	92.9	127.0	97.4

表 2.18　　　　　　　　　　高速公路下坡路段 15％位车速特征

高速公路	桩号		坡度/ %	坡长/ m	坡顶 85％位车速/ (km/h)		坡底 85％位车速/ (km/h)	
	坡顶	坡底			小型车	大型车	小型车	大型车
绕城高速	K31＋800	K30＋700	－1.0	1100	72.9	57.8	79.3	58.3
	K35＋160	K35＋950	－1.8	790	55.8	47.3	65.4	57.4
	K50＋840	K50＋120	－2.6	720	60.7	48.0	70.4	66.5
哈同高速	K431＋110	K432＋000	－3.0	890	82.2	52.1	86.6	69.7

（2）快速路

快速路下坡路段和上坡路段车速数据分别见表 2.19 和表 2.20。从表中可以看出：快速路上坡路段车辆均处于减速状态，而下坡路段车辆则均为加速状态，而且坡度值越大，速度变化越大。

表 2.19 快速路下坡路段车速特征

快速路	坡度/%	坡顶85%位车速/(km/h)		坡底85%位车速/(km/h)		坡顶15%位车速/(km/h)		坡底15%位车速/(km/h)	
		小型车	大型车	小型车	大型车	小型车	大型车	小型车	大型车
北京东二环	−1	31	28	78	68	20	19	58	36
哈尔滨大庆路	−3.57	92	75	161	147	47	43	56	52

表 2.20 快速路上坡路段车速特征

快速路	坡度/%	坡顶85%位车速/(km/h)		坡底85%位车速/(km/h)		坡顶15%位车速/(km/h)		坡底15%位车速/(km/h)	
		小型车	大型车	小型车	大型车	小型车	大型车	小型车	大型车
北京东二环	1	87	74	26	21	59	21	13	12
北京东三环	2	90	78	32	30	49	41	10	9
广州内环B线	3	55	53	57	31	32	25	19	11

2.3 不同交通条件下的车速特征

在分析不同交通条件下的车速特征时，为消除线形条件对车速的影响，选择平直路段作为研究对象，分析不同交通量及大型车比例条件下的车速特征。

2.3.1 不同交通量条件下的车速特征

对高速公路和快速路平直路段的交通量与车速数据进行分析，其散点图见图2.8和图2.9。本次调查路段交通量较小，可认为是自由流。

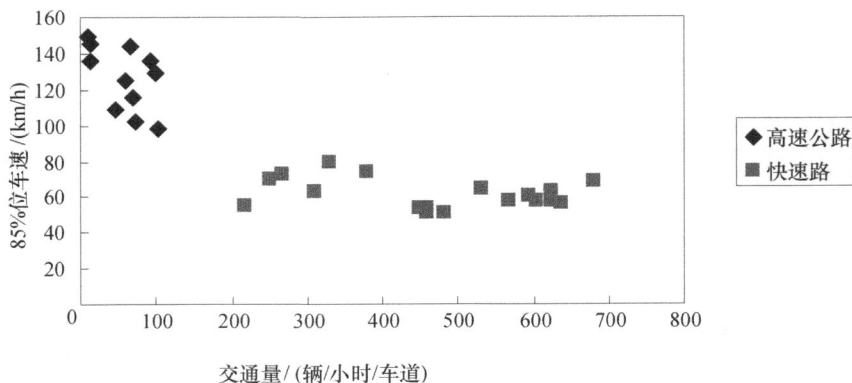

图 2.8 高速道路交通量与85%位车速散点图

从图中可以得出如下结论。

①高速道路车速随着交通量增加整体上呈递减趋势。

②高速公路交通量较城市快速路小，85%位车速及15%位车速均比快速路要高。

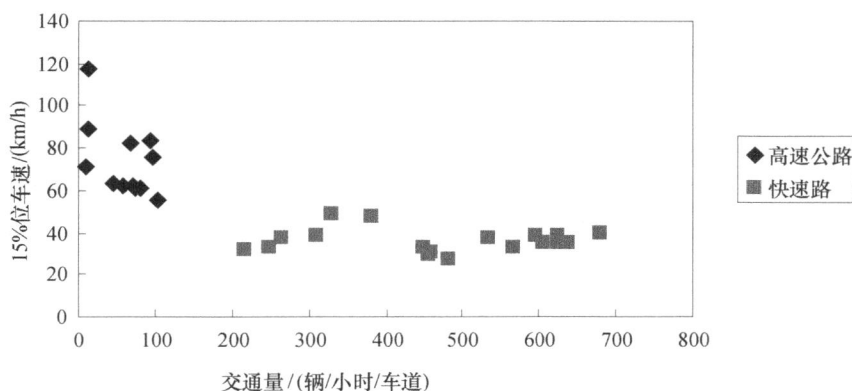

图 2.9　高速道路交通量与 15％位车速散点图

③在自由流条件下，高速公路 85％位车速范围分布在 100～150km/h，15％位车速分布在 55～90km/h。

④在自由流条件下，城市快速路 85％位车速范围分布在 50～80km/h，15％位车速分布在 30～50km/h。

2.3.2　不同交通组成条件下的车速特征

（1）高速公路

为消除线形条件对车速的影响，选取平直路段的调查数据进行分析。

表 2.21 和图 2.10 给出了高速公路大型车比例与 85％位车速及 15％位车速数据。从图 2.10 中可以看出：高速公路大型车比例对车速的影响呈明显规律性，即随着大型车比例的增加，车速呈递减趋势。

表 2.21　　　　　　　　　高速公路大型车比例与车速数据

高速公路	大型车比例/％	85％位车速/(km/h)	15％位车速/(km/h)
哈尔滨绕城高速公路 K43 内侧车道	18	125.6	62.0
	22	109.1	63.3
	23	115.8	61.7
哈尔滨绕城高速公路 K43 外侧车道	35	98.7	55.8
	32	101.7	61.3
	37	80.7	60.5
哈尔滨绕城高速公路 K56+800 内侧车道	7	149.4	71.4
	8	144.9	89.5
	12	135.9	117.7
哈尔滨绕城高速公路 K56+800 外侧车道	10	143.2	82.2
	11	136.0	83.4
	16	129.1	76.2

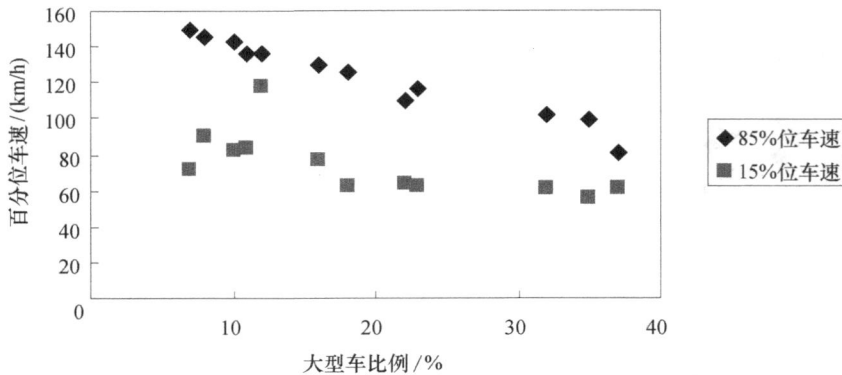

图 2.10 高速公路大型车比例与百分位车速散点图

（2）快速路

表 2.22 给出了快速路大型车比例与 85％位车速及 15％位车速数据。从表 2.22 中可以看出：快速路大型车比例较高速公路要大，分布在 0.58～0.88，而其对车速的影响规律性则并不明显。

表 2.22　　　　　　　　　　　　　　快速路大型车比例与车速数据

快速路	大型车比例/%	85％位车速/(km/h)	15％位车速/(km/h)
哈尔滨大庆路 车道 1	0.58	80	48
	0.59	63	38
	0.64	58	35
	0.59	63	38
	0.60	64	37
	0.74	68	39
哈尔滨大庆路 车道 2	0.78	74	47
	0.87	60	38
	0.87	57	35
	0.88	58	35
	0.82	58	33
	0.78	70	33
哈尔滨大庆路 车道 3	0.66	72	267
	0.81	54	451
	0.78	51	459
	0.75	54	458
	0.75	51	484
	0.73	55	217

2.4　不良天气条件下的车速特征

不良天气条件包括雨、雪、雾等天气，在这些天气环境下，能见度降低、雨天与雪天导致道路摩擦系数减小，驾驶人为安全起见，势必会降低车速，因此分析高速道路不利天气条件下的车速特征，对于建立不良天气条件下的高速道路车速限制标准是十分必要的。

限于不良天气可预测性不强，调查过程中只调查了雨天条件下的交通数据，而同样为了排除线形条件对车速的影响，选择了平直路段作为调查地点。表 2.23 中给出了雨天天气条件下高速公路的车速数据。

表 2.23　　　　　　　　　　　　　　　雨天高速公路车速特征

调查地点	雨况	85%位车速/(km/h)		15%位车速/(km/h)	
		小型车	大型车	小型车	大型车
哈尔滨绕城高速公路 K50+120	小雨	132.6	108.1	84.6	72.7
哈同公路 K466+800	大雨	110.1	73.4	68.3	56.1

2.4.1　雨天与晴天车速对比

高速公路雨天与晴天条件下的车速对比情况如图 2.11 所示。从图 2.21 中可以看出如下两点。

①小雨天气条件下高速公路的 85%位车速及 15%位车速与晴天很接近，可见小雨天气对车速的影响不大。

②大雨天气条件下车速受天气影响较大，85%位车速与 15%位车速均明显低于晴天天气和小雨天气。同样，在雨天天气条件下，小型车车速还是要高于大型车。

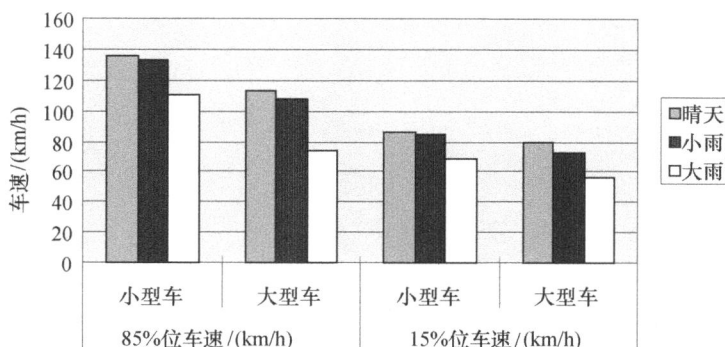

图 2.11　晴天与雨天车速对比

2.4.2　雨天不同车道车速对比

大雨天气条件下分车道车速数据见表 2.24，其对比情况见图 2.12。从图 2.12 中可以看出：雨天天气条件下与晴天的分车道车速规律相同，即内侧车道要高于外侧车道。

表 2.24   雨天天气高速公路平直路段分车道车速

哈尔滨绕城高速公路调查地点	85%位车速/(km/h)		15%位车速/(km/h)	
	小型车	大型车	小型车	大型车
K50+120 内侧车道	110.6	75.6	74.5	56.2
K50+120 外侧车道	106.0	70.7	64.5	56.1

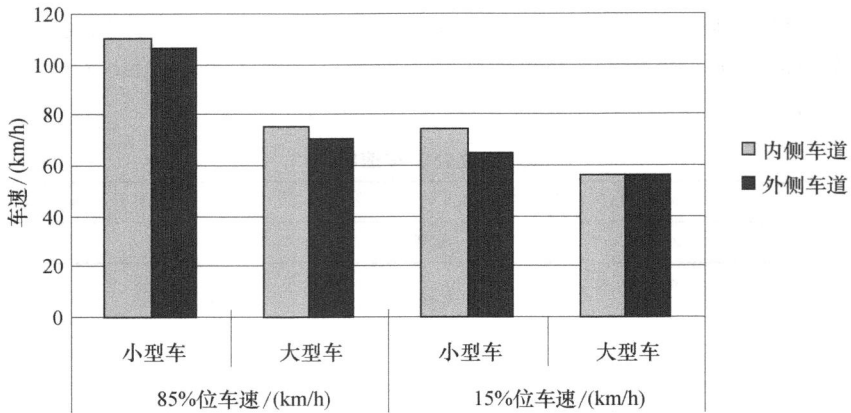

图 2.12　雨天天气条件下高速公路分车道车速对比

第 3 章

高速道路最高车速限
制方法与基准值计算

高速道路最高车速限制的制定应该兼顾效率、安全、经济、舒适等多方面因素，如何在最高车速限制值制定过程中综合考虑各因素，并对其进行多目标优化，是科学制定高速道路最高车速限制值的基础。本章将基于多目标优化的思想给出高速道路最高车速限制方法，并在模型参数标定的基础上确定对应不同设计速度和车型的最高车速限制基准值。高速道路最高车速限制基准值是在平直路段、自由流、良好的路面及天气等理想条件下确定的，对于曲线段、坡度段、破损路面及非自由流条件下的最高车速限制值则需要对其进行道路条件和交通条件的影响修正。此外，最高车速限制基准值是针对高速道路基本路段而言的，即不受匝道合流、分流与交织区影响的路段。对于匝道入口，由于主线车流具有优先通行权，故可不必专门限速；而匝道出口处由于车辆需要减速驶入，故需对其专门研究。

3.1　高速道路最高车速限制的基本思想

3.1.1　最高车速限制的原则

高速道路最高车速限制应在兼顾安全性、经济性与舒适性的同时，实现高速道路的运行效率。在确定高速道路最高车速限制值时应遵循以下原则。

①在条件允许的情况下应尽量提高最高车速限制值，实现高速道路的运行效率。

②最高车速限制并非要保证零事故率，而是使事故率保持在一个可接受的范围，保证事故严重程度尽量小。

③最高车速限制值应尽量接近经济车速，使高速道路行驶车辆在保证效率、安全的前提下达到最佳的经济性。

④最高车速限制应保证车辆以该速度行驶时所产生的振动不致使驾驶人产生明显的不舒适感。

3.1.2　最高车速限制的基本思路

高速道路最高车速限制应实现效率、安全、经济、舒适四个目标，而这四个目标之间存在着相互制约的关系。在自由流条件下，车速越高则运行效率越高，但安全性、经济性与舒适性却会下降。因此，采用多目标优化方法，在效率、安全、经济与舒适之间寻求最优解，是确定合理的最高车速限制值的基本思路。最高车速限制值的制定是一个多目标优化问题，需构建的目标函数及约束条件如下。

①运行效率。以理想车速为基准，构建高速道路的时间费用函数，以时间费用最小作为运行效率的目标函数。

②安全性。以事故严重程度作为高速道路安全性的度量标准，借鉴已有的事故死亡率与车速的关系模型，给出高速道路最高车速限制基于安全性的约束条件。

③经济性。分析建立高速道路代表车型的油耗量与车速关系模型，构建油耗费用函数，以油耗费用最小作为经济性的目标函数。

④舒适性。建立车速与舒适性评价指标的关系模型，给出高速道路最高车速限制基于舒适性的约束条件。

3.1.3 最高车速限制值的确定方法

应用多目标优化方法，研究给出上述目标函数及约束条件，对于满足目标函数及约束条件的解，定义为高速道路最高车速限制基准值，其含义如下：在理想条件下综合考虑运行效率、安全性、经济性与舒适性而确定的最高车速限制值。其中，理想条件包括设计速度120km/h、平直路段、自由流、良好的路面条件与天气条件。最高车速限制基准值应分车型给出，根据本章提出方法确定的为小型车最高车速限制基准值，对于大型车最高车速限制基准值应根据实测运行车速数据对小型车基准值进行折减后获取。

此外，对于其他设计速度的高速道路，应根据设计速度之比进行折减，曲线段与坡度段应进行道路线形条件影响修正，非自由流交通状态及不良路面条件下的最高车速限制还应进行交通条件与路面条件影响修正。

本章提出的高速道路最高车速限制方法在原理上基于运行效率、安全、经济与舒适的多目标优化思想。应用本方法得出的车速限制值与国外研究方法相比，解决了实测交通数据受已有车速限制措施影响的问题；与国内研究方法相比，更能体现影响车速限制的综合因素。在实际应用过程中，本章提出的方法针对不同车型、不同线形条件、不同交通条件及路面条件下的车速限制都将给出标准建议，因此其实用性更强。

3.2 目标函数与约束条件

3.2.1 基于运行效率的目标函数

车速与运行效率的关系体现在两个方面，即时间效益和道路通行能力。对于时间效益，本书将对其进行量化分析；而对于道路通行能力，在非自由流条件下，随着车速的增加，通行能力会降低，从而导致运行效率下降。本章所要建立的高速道路最高车速限制基准值模型是针对自由流条件给出的，因此在构建基于运行效率的目标函数时，可以不必考虑通行能力这一因素。但是对于非自由流条件，应考虑根据交通量大小对其影响修正，从而体现基于道路通行能力的运行效率。

（1）理想车速

高速道路最高车速限制应实现高速道路的运行效率，即时间效益。理想车速是指在设计速度为120km/h（高速公路的最大设计速度）的平直路段、自由流交通状况、良好的路面条件下，驾驶人在行驶过程中在不受车速限制等交通管制措施约束时心目中以时间效益最大化为目标时希望达到的最高行驶车速。此定义中，时间效益最大化的含义是以车辆性能所允许达到的最高车速为前提的，即理想车速不能超过汽车所能达到的最高车速。在道路、交通与天气条件确定以后，理想车速的影响因素还包括驾驶人与车辆性能。

1）驾驶人类型

按照汽车驾驶人在行车过程中对安全间距的把握尺度，驾驶人群体可分为适应型、保守型和冒险型三种类型。其中，适应型驾驶人是指在跟车状态下其行车间距始终近似等于安全间距的驾驶人；保守型驾驶人是指在跟车状态下其行车间距在绝大多数情况下均大于安全间距的驾驶人；冒险型驾驶人是指在跟车状态下其行车间距在绝大多数情况下均小于安全间距的驾驶人。

冒险型驾驶人在驾车过程中习惯于将车速数值确定得相对较高，而保守型驾驶人则倾向于将车速数值确定得相对较低，适应型驾驶人确定的车速数值居于冒险型与保守型之间。调查结果表明，在相同的道路、交通、环境条件下，冒险型驾驶人的期望车速数值与保守型驾驶人的期望车速数值之差最高达 30％左右。在确定高速道路最高车速限制基准值时，应以适应型驾驶人为对象。

2）车辆类型

车辆性能状况对驾驶人理想车速的影响如下：在道路与交通条件一定的情况下，如果车辆的性能状况好，则驾驶人多会保持比较高的运行速度，驾驶人心目中的理想车速也会相应提高。反之，如果车辆的性能状况较差，驾驶人会主动将其心目中的理想车速数值调至比较低的水平，同时使所驾驶车辆的实际运行速度降至一个比较低的数值。在确定高速道路最高车速限制值时，应以车辆性能良好、档次居中车辆的驾驶人理想车速为依据。

（2）目标函数

驾驶人根据道路和交通条件，总希望以高速换取高运输效率，车速越高，在道路上所花费的时间越短，时间费用亦越少，即时间费用与驾驶人理想车速具有负相关性。

以旅客在途时间内因达不到其理想车速致使在途时间增加而少创造的价值作为高速道路旅客在途时间费用，旅客时间价值的计算以人均国内生产总值为依据。

构造的高速公路旅客在途时间费用函数为

$$C_t = \frac{G}{365 \times 8} E \cdot Q \cdot \left(\frac{L}{v} - \frac{L}{v_i} \right) \tag{3.1}$$

式中，C_t——高速公路旅客在途时间费用，元；

G——人均国内生产总值，元/人/年；

E——平均载运系数，人/车；

Q——交通量，辆/日；

L——高速公路长度，km；

v——运行车速，km/h；

v_i——驾驶人理想车速，km/h。

高速道路最高车速限制值制定时应以运行效率最高，即时间费用最小作为目标之一。构建的高速道路最高车速限制的运行效率目标函数为

$$\min (C_t) = \min \left[\frac{G}{365 \times 8} E \cdot Q \cdot \left(\frac{L}{v} - \frac{L}{v_i} \right) \right] \tag{3.2}$$

3.2.2 基于安全性的约束条件

（1）车速与事故的关系

近年来的研究表明，事故数与速度的关系不显著，而事故的严重程度则与行车速度紧密相关：速度越高，事故发生过程中速度变化就越大，能量转化也就越多，事故后果就越严重，造成伤亡的可能性也就越大。挪威交通安全手册提出了一条描述事故数量与车速关系的曲线，并得出结论：平均车速每增长 10％，有人员受伤的事故数将增加 25％，有人员死亡的事故数将增加 35％。英国的研究得出结论：平均车速每增加 1km/h，有人员受伤的事故数将增加 3％。欧洲交通安全委员会指出，车速对有严重伤亡的事故影响较大，并得出平均车速每增加 1km/h，

有人员死亡的事故将增加 5%～6% 的结论。

车速与事故严重程度的关系是基于物理学的，运动车辆的能量是其质量与速度平方的乘积。碰撞中消散的动能越多，乘员所受的危害就越大。事故的严重程度取决于碰撞时车速的瞬时变化 dv（尤其在 $0.1～0.2s$ 的范围内），当 dr 超过 $20～30km/h$ 时，发生严重事故的可能性开始增加；当 dv 超过 $80～100km/h$ 时，事故中便会有人员死亡。研究表明，车速超过 $96km/h$ 后，事故的严重程度将随速度的提高而快速增加，车速超过 $112km/h$ 后致命伤亡的可能性迅速增加。事故中伤亡的可能性取决于事故中速度的变化率，速度变化率小于 $16km/h$ 时，严重伤亡的可能性小于 5%，当速度变化率超过 $48km/h$ 时，严重伤亡的可能性超过 50%。

（2）约束条件

根据美国严重事故研究所（NCSS）的数据，交通事故死亡率与速度梯度的 4 次方成正比，其关系如式（3.3）所示。按照式（3.3）对数据进行拟合得到速度梯度与事故死亡率的关系曲线，如图 3.1 所示。从图 3.1 中可以看出：当速度梯度超过 $114.24km/h$ 时，发生交通事故致死的概率是 100%。

$$I_{\text{death}} = \left(\frac{\Delta v}{114.24}\right)^4 \tag{3.3}$$

式中，I_{death}——交通事故死亡率，%；

Δv——速度梯度，即断面的运行车速与平均运行车速的差值，km/h。

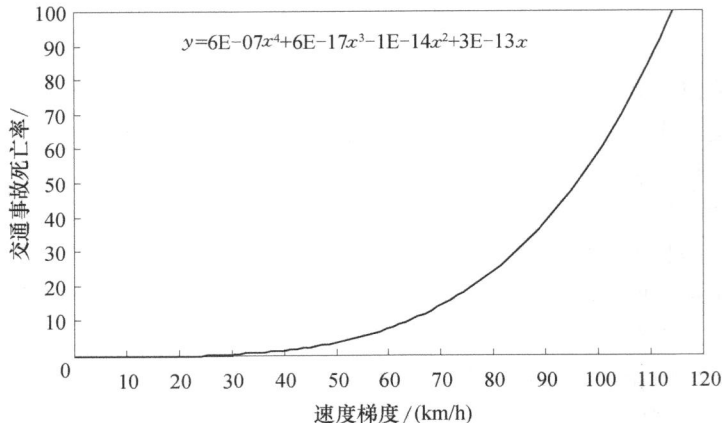

图 3.1　速度梯度与交通事故死亡率关系曲线

高速道路最高车速限制应保证事故死亡率小于可接受的容忍值，基于这一原则，构建高速道路最高车速限制基于安全性的约束条件，即

$$I_{\text{death}} = 6\text{E}-07(v_{\text{h}}-\bar{v})^4 + 6\text{E}-17(v_{\text{h}}-\bar{v})^3 - 1\text{E}-14(v_{\text{h}}-\bar{v})^2$$
$$+ 3\text{E}-13(v_{\text{h}}-\bar{v}) < [I_{\text{death}}] \tag{3.4}$$

式中，v_{h}——最高车速限制值，km/h；

$\bar{v}$——平均运行车速，km/h；

$[I_{\text{death}}]$——交通事故死亡率容忍值，%。

3.2.3　基于燃油经济性的目标函数

汽车燃油经济性是指在保证汽车动力性的基础上，以尽可能少的燃油消耗行驶的能力。燃油经济性通常用一定运行工况下汽车行驶百公里的燃油消耗量来衡量。燃油经济性与行驶车速具有直接关系，对应最低油耗量的车速称为经济车速。在制定高速道路最高车速限制时，应把汽车的燃油经济性考虑进来，即将经济车速作为制定高速道路最高车速限制的依据之一。

（1）车速与油耗数据采集

由于汽车的油耗量与高速道路的坡度大小具有直接关系，而确定最高车速基准值的界定条件为平直路段。根据第 2 章对平直路段的界定，调查路段选择在高速道路纵坡度 $i \leqslant 1\%$ 的坡度段，车速、油耗观测数据主要采集于成俞、昆玉、昆曲、京石和太旧高速公路。观测人员分别选择坡顶和坡底标有里程桩号的位置作为观测点，记下车辆通过观测点的时刻与汽车油量计显示的数据。

测定选择了国产小客车（北京 121 吉普车）作为试验车，油耗仪为日产油耗流量计。试验车车速为

$$v_t = \frac{3600S}{t_2 - t_1} \tag{3.5}$$

式中，v_t——测试车的行驶速度，km/h；

　　S——测段长度，km；

　t_1、t_2——试验车行至 1、2 断面的时刻，s。

试验车油耗按下式计算

$$F_i = \frac{100}{L}(F_2 - F_1) \tag{3.6}$$

式中，F_i——第 i 次测定试验车油消耗量，L/100km；

　F_1、F_2——试验车行至 1、2 断面的油量计示数，L。

（2）车速油耗模型

对采集的高速公路车速与油耗数据进行回归分析，得出油耗 F 与车辆的行驶车速 v 的回归曲线，如图 3.2 所示。

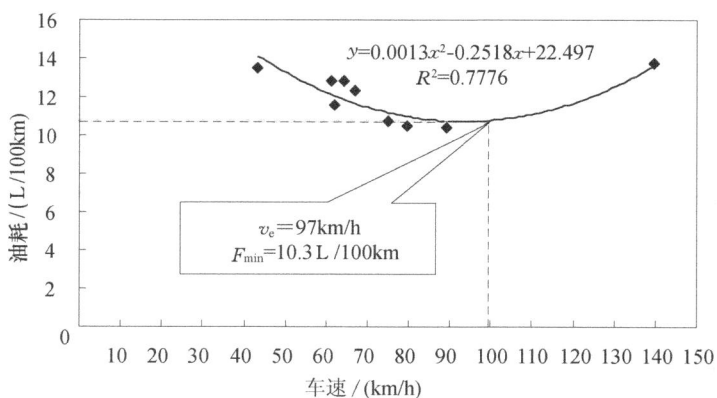

图 3.2　车速-油耗关系曲线

从图 3.2 中可以看出：高速公路平直路段的经济车速 $v_e = 97$km/h，对应的最小油耗量 $F_{min} = 10.3$L/100km。当车速高于经济车速时，油耗量将随车速增大而增加，建立的高速道路平直路段车速-油耗模型为

$$F = 0.0013v_t^2 - 0.2518v_t + 22.497 \tag{3.7}$$

式中，F——百千米油耗量，L/100km。

（3）目标函数

根据上面建立的油耗-车速模型，构建高速道路的油耗费用函数，即

$$C_g = (0.0013v^2 - 0.2518v + 22.497) \cdot \frac{L}{100}P_g \cdot Q_d \qquad v > v_e \tag{3.8}$$

式中，C_g——高速道路行车的时间费用，元；

P_g——汽油的市场价格，元/L；

Q_d——日交通量，辆/d；

v_e——经济车速，km/h。

高速道路最高车速限制值制定时应以油耗最低作为目标之一，即油耗费用最小。构建的高速道路最高车速限制的燃油经济性目标函数为

$$\min(C_g) = \min\left[(0.0013v^2 - 0.2518v + 22.497)\frac{L}{100}P_g \cdot Q_d\right] \qquad v > v_e \tag{3.9}$$

3.2.4 基于舒适性的约束条件

随着社会需求层次的提高，交通参与者对交通设施的要求越来越关注交通设施的舒适性和无障碍性。因此，如何进一步提高道路交通设施的舒适程度，使之更具人性化，是亟待研究解决的课题。

（1）相关研究

相关研究表明，对乘坐舒适性影响最大的因素是振动。汽车振动舒适性是指汽车行驶过程中所产生的振动与冲击不致使人体感到不舒适、疲劳甚至损害健康的性能。汽车乘坐舒适性评价方法，通常是根据人体对振动的生理感受，用振动物理量（如加速度等）作为乘坐舒适性的评价指标。

振动对人体影响的研究从 20 世纪 60 年代开始受到重视，特别是 80 年代后随着计算机的普及，振动舒适性的研究慢慢深入。最早的人体全身振动评价指南是由英国南安普顿大学的振动噪声研究所的研究者提出的，当时的实验室内台架实验发现，人体的振动传递特性与人体的姿势、体格、振动方向、振动频率、振动环境的暴露时间等有关。这样，就把以往只简单地统计汽车本身的机械振动响应进行乘坐舒适性评价的方法发展到更加科学的"道路-车辆-人体"系统的综合评价水平上。

随着这个观点的提出，国际上慢慢形成了一个统一的标准 ISO 2631。该标准提出之后，国内很多人对汽车振动舒适性开展了初步研究工作。这些研究大多集中在基于 ISO 2631 的振动模型的建立、舒适性仿真和扩展研究上。

（2）约束条件

ISO 2631—1997 标准规定了人体坐姿受振模型，进行舒适性评价时，它除了考虑座椅支承面处输入点 3 个方向的振动，还考虑该点 3 个方向的角振动，以及座椅靠背和脚支承面两个输入点 3 个方向的线振动，共 3 个输入点 12 个轴向的振动。对于汽车来说，座椅面处角振动、脚处线振动以及靠背垂直方向的振动对人体的影响相对较小，所以一般略去不计。

我国在修订相应标准《汽车平顺性随机输入行驶试验方法》（GB/T 4970—1996），评价汽车

平顺性就只考虑椅面这三个轴向，而对于靠背水平轴向则用椅面水平轴向代替。

在上述假定下，相关研究选用某 1.3L 出租汽车作为试验用车，给出了加权加速度均方根值 a_w 和人的主观感觉之间的关系（见表 3.1）以及车速与 a_w 的实测数据（见表 3.2）。

表 3.1　　　　　　　　加速度均方根值与人主观感觉的对应关系

加权加速度均方根值 $a_w/(m/s^2)$	人的主观感觉
<0.32	舒适
$0.32\sim0.68$	较舒适
$0.68\sim0.80$	较不舒适
$0.80\sim1.60$	不舒适

表 3.2　　　　　　　　车速与 a_w 的实测数据

车速/(km/h)	加权加速度均方根/(m/s²)	车速/(km/h)	加权加速度均方根/(m/s²)
30	0.287	80	0.490
40	0.345	90	0.551
50	0.475	100	0.584
60	0.442	110	0.614
70	0.467	120	0.644

对表 3.2 中的数据进行回归分析，关系曲线如图 3.3 所示，得到二者的关系模型为

$$v = 0.048 a_w^{0.5425} \tag{3.10}$$

式中，a_w——加权加速度均方根值，m/s²。

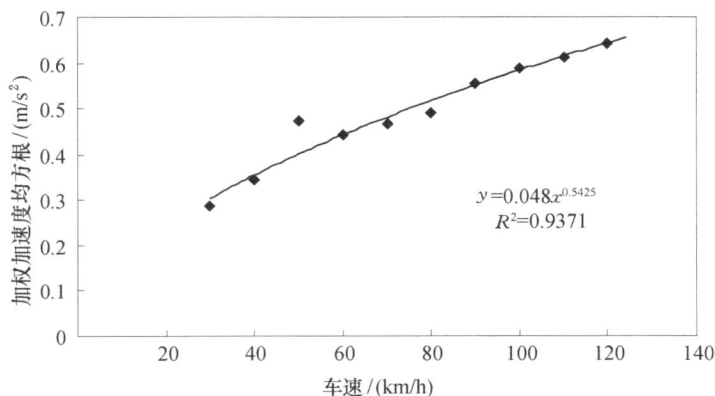

图 3.3　车速与 a_w 的关系曲线

根据表 3.1 和式（3.10）可计算得到车速与乘员舒适性的关系，如表 3.3 所示。从表 3.3 中可以看出：当车速超过 132km/h 时，乘员将出现不舒适感；而当车速超过 179km/h 时，乘员的不适感会急剧增加。

取较舒适的最高阈值作为高速道路最高车速限制基准值制定时的舒适性约束条件，即

$$v_h \leqslant 132km/h \tag{3.11}$$

表 3.3 　　　　　　　　　　　车速与乘员舒适性的关系

车速/(km/h)	乘员舒适性
$v \leqslant 32$	舒适
$32 < v \leqslant 132$	较舒适
$132 < v \leqslant 179$	较不舒适
$v > 179$	不舒适

3.3　基本路段最高车速限制基准值计算

3.3.1　模型构建

从构造的高速道路时间费用函数可以看出，随着车速的提高，其时间费用将减少，当驾驶人均能以理想车速行驶时，时间费用为零。但是从构造的高速道路油耗费用函数来看，当车辆高于经济车速行驶时，随着车速的提高，其油耗费用将增加，当驾驶人以理想车速行驶时，认为已达到其最高车速，此时油耗费用最高。

本书在假设运行效率与燃油经济性同等重要的前提下，认为二者的权重相等，定义高速道路时间费用与油耗费用之和为汽车行驶广义费用，即

$$C = C_t + C_g \tag{3.12}$$

根据上述分析，高速道路的最高车速限制应兼顾效率与经济因素，而兼顾二者的均衡解正应是使高速道路汽车行驶广义费用最低时对应的车速，如图 3.4 所示。

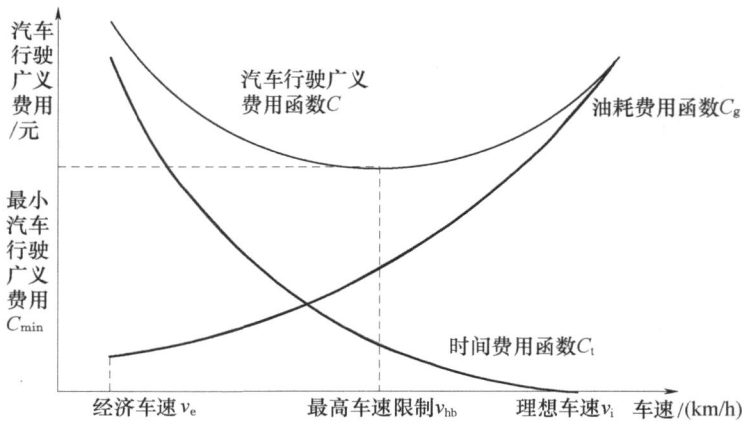

图 3.4　汽车行驶广义费用分析

基于上述思想构建高速道路基于汽车行驶广义费用最小的最高车速限制基准值计算模型，即

$$\min[C_t(v_{hb}) + C_g(v_{hb})]$$

$$\text{s. t.}\begin{cases} v_e < v_{hb} < v_i \\ I_{death} \leqslant [I_{death}] \\ v_{hb} \leqslant 132\text{km/h} \end{cases} \tag{3.13}$$

式中，v_{hb}——高速道路小型车最高车速限制基准值，km/h。

3.3.2　参数标定

（1）时间费用函数

时间费用函数中需要标定的参数包括人均国内生产总值 G、平均载运系数 E、理想车速 v_i。

1）人均国内生产总值 G。

根据中国国家统计局公布的 2015 年国民经济统计数字，我国 2015 年国内生产总值实现 67.67 万亿元，人均 GDP 达到 5.2 万元，故本研究人均国内生产总值 G 取 52000 元/人/年。

2）平均载运系数 E。

根据相关预测研究，我国客车中，小型客车所占比例将越来越大，到 2020 年将达到 90%，其主要原因是小轿车将逐步进入家庭。因此，客车平均座位将呈减小趋势，据预测，2020 年将为 8.77 人/车。

对于客车实载率，无论是专业运输，还是非专业运输，都呈提高的趋势，但其提高幅度是有限的，据估计实载率 2020 年将为 80%。根据上述数据，可得平均载运系数 $E = 7.016$ 人/车。

3）理想车速 v_i。

以汽车的最高车速作为理想车速，这里汽车的最高车速指在平直的高速公路上，在无风、满载和良好的交通条件下，车辆可安全持续一定时间行驶的最高速度，车辆达到最高车速后持续行驶时间不低于 5 min。

根据目前我国汽车产品现状，一般情况下，各类轿车最高车速的设计值为 160~200km/h。本书中，客车以性能良好的中档轿车为代表车型，其理想车速取 $v_i = 180$km/h。

（2）平均运行车速与交通事故死亡率容忍值

由式（3.4）可知，安全性约束条件需确定的参数有两个，分别为平均运行车速 $\bar{v}$ 和交通事故死亡率的容忍值 $[I_{death}]$。

1）平均运行车速 $\bar{v}$。

哈尔滨绕城高速公路（设计速度 120km/h）平直路段实测的运行车速数据如图 3.5 和图 3.6 所示。从图 3.5 和图 3.6 可知，高速公路平直路段小型车的平均运行车速为 109.1km/h，大型车的平均运行车速为 81.1km/h。

2）交通事故死亡率容忍值 $[I_{death}]$。

对比部分发达国家的道路交通事故数量、事故死亡人数及事故死亡率发现，发达国家中，英国的事故死亡率最低，仅为 1.5%；法国的事故死亡率最高，但也只有 6.4%。借鉴发达国家的事故死亡率，同时考虑大型车事故更为严重，取发达国家事故死亡率的最大值 6.4% 作为小型车事故死亡率容忍值，平均值 4.0% 作为大型车事故死亡率容忍值。根据事故死亡率与速度梯度的关系模型及高速公路平直路段小型车和大型车的平均运行车速，可计算得到小型车和大型车对应交通事故死亡率容忍值的最高车速，如表 3.4 所示。根据表 3.4 给出高速道路最高车速限制值模型基于安全性的约束条件为

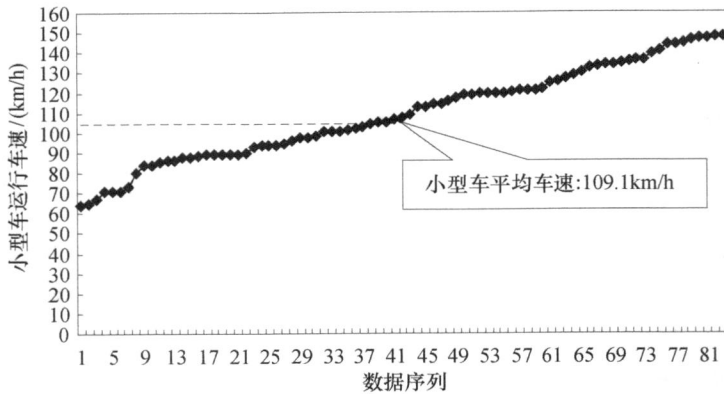

图 3.5　高速公路小型车运行车速

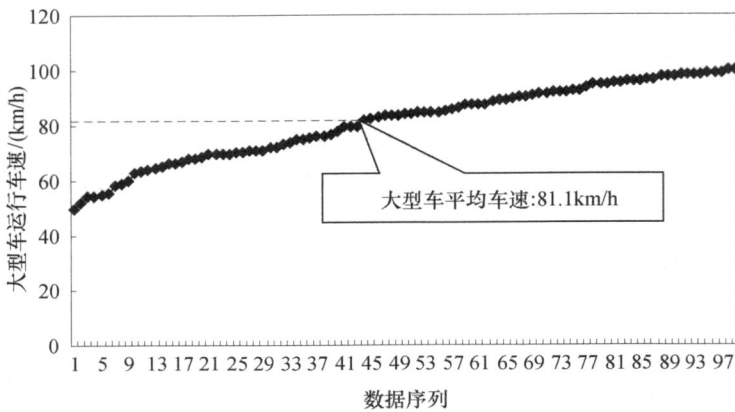

图 3.6　高速公路大型车运行车速

$$\left\{\begin{array}{l}\text{小型车：}v_{hb}\leqslant127.3\text{km/h}\\\text{大型车：}v_{hb}\leqslant97.3\text{km/h}\end{array}\right.\qquad(3.14)$$

表 3.4　　　　　　　　　　高速公路对应交通事故死亡率容忍值的最高车速

车型	小型车	大型车
死亡率容忍值/%	6.4	4.0
对应的车速梯度/(km/h)	18.17	16.16
平均运行车速/(km/h)	109.1	81.1
对应的最高车速/(km/h)	127.3	97.3

（3）油耗费用函数

油耗费用函数中的待定参数为汽油价格 P_g。数据显示：2016 年 6 月 8 日北京地区 90 号汽油价格为 5.58 元/L、93 号汽油价格为 5.96 元/L、97 号汽油价格为 6.34 元/L。

本书取 P_g＝6.34 元/L（97 号汽油价格）。

3.3.3 模型求解

根据高速道路时间费用函数及油耗费用函数形式，所构建的高速道路最高车速限制基准值的求解可描述为求式（3.15）的最小解，即

$$f(v) = av^2 - bv + \frac{c}{v} + k \qquad (a,\ b,\ c > 0) \tag{3.15}$$

对式（3.15）求导，得

$$f'(v) = 2av - b - \frac{c}{v^2} \tag{3.16}$$

当 $f(v)$ 的导数为零时，式（3.15）可得到最小解。令 $f'(v) = 0$，得

$$2dv^3 - ev^2 - f = 0 \tag{3.17}$$

对式（3.17）求解，发现只有唯一的实数解，即

$$v = \frac{1}{6d}\left[54d^2f + e^3 + 6d\sqrt{3f(27d^2f + e^3)}\right]^{\frac{1}{3}}$$
$$+ \frac{e^2}{6d}\left[54d^2f + e^3 + 6d\sqrt{3f(27d^2f + e^3)}\right]^{-\frac{1}{3}} + \frac{e}{6d} \tag{3.18}$$

根据式（3.18）计算得到的车速即为设计速度 120km/h 的高速道路小型车最高车速限制基准值。

将客车时间费用函数与油耗费用函数带入式（3.12），可以得到如下关系式

$$f(v) = Q \cdot L \frac{P_g}{100} 0.0013v^2 - Q \cdot L \cdot \frac{P_g}{100} 0.2518v + \frac{Q \cdot L \frac{G}{365 \cdot 8}E}{v}$$
$$+ 22.497\frac{P_g}{100} - \frac{Q \cdot L \cdot G \cdot E}{365 \cdot 8} \cdot \frac{1}{v_i}) \tag{3.19}$$

$$f'(v) = 2Q \cdot L \frac{P_g}{100} 0.0013v - Q \cdot L \cdot \frac{P_g}{100} 0.2518 - \frac{Q \cdot L \frac{G}{365 \cdot 8}E}{v^2} \tag{3.20}$$

令 $f'(x) = 0$，可以得到

$$2.6E - 05P_g v^3 - 2.518E - 03P_g v^2 - \frac{G \cdot E}{2920} = 0 \tag{3.21}$$

由式（3.21）及上面确定的模型参数可得式（3.18）中的 d、e、f，即

$$d = 2.6E - 05P_g/2 = 6.344E - 05$$
$$e = 2.518E - 03P_g = 1.229E - 02 \tag{3.22}$$
$$f = G \cdot E/2920 = 55.792$$

将式（3.22）带入式（3.18）得到 $v = 124.99$km/h，该解大于经济车速、小于理想车速，并满足安全性与舒适性约束条件，因此可以将其作为设计速度为 120km/h 的高速公路小型车最高车速限制基准值模型的解。

3.3.4 最高车速限制基准值确定

根据上面求得的模型解，确定 120km/h 设计速度的高速公路小型车最高车速限制基准值 $v_{hbc} = 125$km/h。

对于 120km/h 设计速度的高速公路大型车最高车速限制基准值应按实测运行车速数据进行折减计算，即

$$v_{hbt} = \frac{\overline{v}_t}{\overline{v}_c} v_{hbc} \tag{3.23}$$

式中，v_{hbt}——高速公路大型车最高车速限制基准值，km/h；

$\overline{v}_c$——小型车运行车速平均值，km/h；

$\overline{v}_t$——大型车运行车速平均值，km/h。

将图 3.5 和图 3.6 中的数据带入式 (3.23)，确定 120km/h 设计速度的高速公路大型车最高车速限制基准值 $v_{hbt} = 95$km/h。

不同设计速度的高速公路和城市快速路，应根据设计速度的比值确定，其计算公式为

$$v_{hb-d} = \frac{v_d}{120} v_{hb} \tag{3.24}$$

式中，v_{hb-d}——对应不同设计速度（$v_d = 120$km/h、100km/h、80km/h、60km/h）高速道路最高车速限制基准值，km/h。

根据式 (3.24) 可以计算得到不同设计速度高速道路分车型最高车速限制基准值，如表 3.5 所示。

表 3.5　　　　　　　　　　　　高速道路最高车速限制基准值　　　　　　　　　　　单位：km/h

设计速度	计算值		实施值	
	小型车	大型车	小型车	大型车
120	124.99	92.92	125	95
100	104.17	82.47	105	85
80	83.33	65.97	85	65
60	62.50	49.48	65	50

3.4　高速道路匝道出口处主线车速限制

3.4.1　匝道出口处安全车速计算

高速道路匝道出口处是事故多发位置，该区域的车速限制措施是影响速度均匀性与交通流稳定性的主要因素。由于匝道车速限制值低，若减速车道长度较短，出口提示标志数量少且间距大，容易造成分流车辆没有注意到出口标志而在分流点前匆忙变换车道、制动减速，从而由于采取较大的制动减速度或是驶入匝道前未能充分减速引发追尾事故。

车辆在匝道出口处的行驶车速与匝道分流点车速的关系为

$$v_m^2 - v_r^2 = 26aL_d \tag{3.25}$$

式中，v_m——匝道出口处车速，km/h；

v_r——匝道分流点车速，km/h；

a——减速度，小型车取 2，大型车取 1，m/s^2；

L_d——减速车道长度，m。

匝道分流点车速与匝道半径的关系为

$$v_r = \sqrt{127\ (\mu + i_t)\ R_r}$$　　　　　　　　(3.26)

式中，μ——横向力系数；

　　　i_t——路面横坡；

　　　R_r——匝道半径，m。

取 $\mu = 0.1$，$i_t = 0.02$，将式（3.26）代入式（3.25），得到匝道出口处车速的计算公式为

$$v_m = \sqrt{26aL_d + 15.24R_r}$$　　　　　　　　(3.27)

取最不利情况，减速车道长度与匝道半径均取最小值，根据式（3.27）可得到高速道路匝道出口处安全车速，如表 3.6 所示。

表 3.6　　　　　　　　　　　高速道路匝道出口处安全车速计算值

设计速度/ (km/h)	匝道最小曲率半径/ m	分流点车速/ (km/h)	减速车道最小 长度/m	匝道出口处车速/(km/h)	
				小型车	大型车
120	40	25	145	90	66
100	35	23	125	84	62
80	30	21	110	79	58
60	25	20	95	73	53

3.4.2　匝道出口处主线车速限制值确定

由于表 3.6 中的匝道出口处车速是在减速车道长度及匝道半径均取最小值的条件下计算给出的，只要在匝道出口处主线车辆的车速小于该值，即是安全的。因此，可以根据表 3.6 中的数据确定高速道路匝道出口处主线最高车速限制建议值，如表 3.7 所示。

表 3.7　　　　　　高速道路匝道出口处主线最高车速限制建议值　　　　　　单位：km/h

设计速度	匝道出口处主线最高车速限制值	
	小型车	大型车
120	90	65
100	80	60
80	75	55
60	65	50

第 4 章

高速道路最高车速
限制基准值的修正

为量化研究高速道路线形条件、交通条件与路面条件等各因素的影响修正，应分析各影响因素的量化指标与运行车速的量化关系，应用建立的关系模型与理想条件下观测的运行车速数据，量化计算各因素的影响。本章将提出最高车速限制基准值修正系数的概念及计算方法，建立道路线形条件、交通条件各影响因素指标与不同车型运行车速的关系模型，给出高速道路平曲线半径、纵坡、车道数、车道位置、交通量、交通组成及路面条件的最高车速限制基准值修正系数及对应的最高车速限制值。

4.1　最高车速限制基准值修正系数

4.1.1　运行车速影响因素

由第 2 章的分析结果可知，影响高速道路运行车速的客观因素包括道路线形条件、交通条件和路面条件，如表 4.1 所示。

表 4.1　　　　　　　　　　　高速道路运行车速影响因素

影响因素分类	影响因素及指标	
道路条件	平面线形	平曲线半径
	纵断面线形	纵坡及坡长
		车道数
	横断面线形	车道位置
	路面条件	路面破损率
交通条件	交通量	
	交通组成（大型车比例）	

4.1.2　修正系数的定义与计算方法

为确定高速道路非理想条件下的最高车速限制值，本章提出了高速道路最高车速限制基准值修正系数（简称修正系数）的概念，即在非理想条件下，对应特定的道路、交通条件大多数驾驶人的运行车速（85%位车速）与理想条件下运行车速的比值，包括道路线形修正系数、交通条件修正系数及路面条件修正系数，其取值范围为 $0 < f \leqslant 1$，当 $f = 1$ 时，说明此时的道路与交通条件已不会对驾驶人的车速选择产生影响，其车速与理想条件下的运行车速相等。

对高速道路运行车速各影响因素的量化指标（包括道路线形指标、路面破损率、交通量、大型车比例等）与运行车速进行回归分析，建立相应的关系模型，以理想条件下运行车速的倒数乘以模型值即可得到对应的修正系数，其计算公式为

$$f_i = \frac{v_o(V_i)}{v_{oi} \frac{v_d}{120}} \tag{4.1}$$

式中，f_i——修正系数（包括道路线形修正系数、路面条件修正系数及交通条件修正系数）；

$v_o(V_i)$——高速道路运行车速模型值，km/h；

V_i——高速道路运行车速各影响因素的量化指标（见表 4.1）；

v_{oi}——高速道路理想条件下的运行车速，km/h，根据现场实测数据，小型车为135km/h，大型车为96km/h；

v_d——高速道路设计速度，km/h。

高速道路最高车速限制值的确定应在基准值的基础上乘以修正系数，即

$$v_h = v_{hb} \cdot \prod_i f_i \tag{4.2}$$

式中，v_h——高速道路最高车速限制值，km/h；

v_{hb}——高速道路最高车速限制基准值，km/h。

4.2 道路线形条件影响的修正

4.2.1 平面线形影响的修正

分别对高速道路平曲线半径与小型车和大型车运行车速进行回归分析，得到回归曲线，如图4.1和图4.2所示。

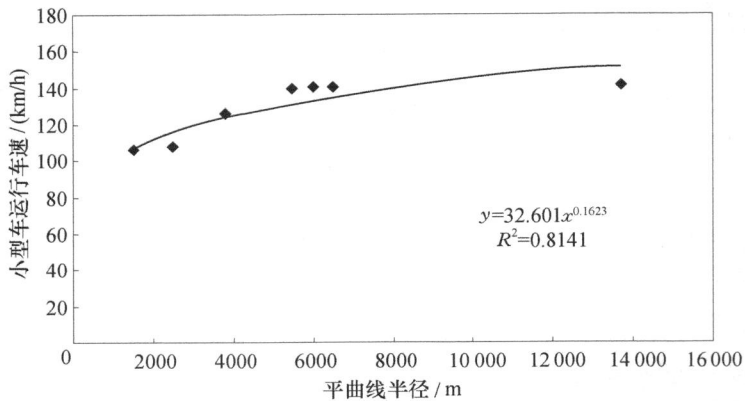

图 4.1 平曲线半径与小型车运行车速关系曲线

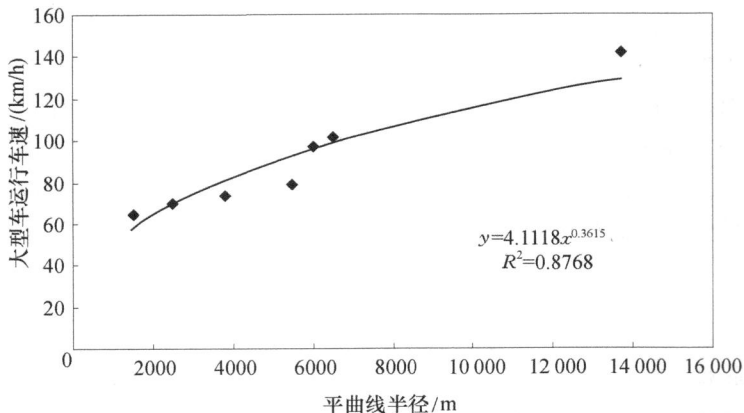

图 4.2 平曲线半径与大型车运行车速关系曲线

回归模型为

$$\begin{cases} v_{oc} = 32.601R^{0.1623} \\ v_{ot} = 4.1118R^{0.3615} \end{cases} \tag{4.3}$$

式中，v_{oc}——小型车运行车速，km/h；

　　　　v_{ot}——大型车运行车速，km/h；

　　　　R——平曲线半径，m。

根据式（4.3），可计算得到不同设计速度高速道路的平曲线半径修正系数 f_R 为

$$\begin{cases} \text{小型车：} f_R = \dfrac{28.98}{v_d}R^{0.1623} \\ \text{大型车：} f_R = \dfrac{5.14}{v_d}R^{0.3615} \end{cases} \tag{4.4}$$

根据式（4.4），计算得到不同设计速度高速道路小型车和大型车平曲线半径修正系数及最高车速限制值，如表 4.2 和表 4.3 所示。

表 4.2　　　　　　　　　　　　　小型车平曲线半径修正系数及最高车速限制值

设计速度/(km/h)	平曲线半径/m	修正系数	最高车速限制值/(km/h)
120	650≤R<850	0.69	85
	850≤R<1200	0.72	90
	1200≤R<1600	0.76	95
	1600≤R<2200	0.80	100
	2200≤R<2950	0.84	105
	2950≤R<3800	0.88	110
	3800≤R<5050	0.92	115
	5050≤R<6200	0.96	120
	R≥6200	1.00	125
100	400≤R<550	0.77	80
	550≤R<800	0.81	85
	800≤R<1100	0.86	90
	1100≤R<1500	0.90	95
	1500≤R<2100	0.95	100
	R≥100	1.00	105
80	250≤R<350	0.89	75
	350≤R<520	0.94	80
	R≥520	1.00	85
60	R≥125	1.06	65

表 4.3   大型车平曲线半径修正系数及最高车速限制值

设计速度/(km/h)	平曲线半径/m	修正系数	最高车速限制值/(km/h)
120	650≤R<750	0.45	40
	750≤R<1050	0.47	45
	1050≤R<1350	0.53	50
	1350≤R<1700	0.58	55
	1700≤R<2100	0.63	60
	2100≤R<2600	0.68	65
	2600≤R<3200	0.74	70
	3200≤R<3800	0.79	75
	3800≤R<4500	0.84	80
	4500≤R<5200	0.90	85
	5200≤R<6100	0.94	90
	R≥6100	1.00	95
100	400≤R<450	0.45	35
	450≤R<650	0.47	40
	650≤R<850	0.53	45
	850≤R<1100	0.59	50
	1100≤R<1400	0.65	55
	1400≤R<1750	0.71	60
	1750≤R<2150	0.76	65
	2150≤R<2600	0.82	70
	2600≤R<3100	0.88	75
	3100≤R<3700	0.94	80
	R≥3700	1.00	85
80	250≤R<350	0.47	30
	350≤R<520	0.53	35
	520≤R<700	0.62	40
	700≤R<950	0.69	45
	950≤R<1250	0.77	50
	125≤R<1600	0.85	55
	1600≤R<2000	0.93	60
	R≥2000	1.00	65
60	125≤R<330	0.49	25
	330≤R<470	0.70	35
	470≤R<650	0.79	40
	650≤R<900	0.89	45
	R≥900	1.00	50

4.2.2　纵断面线形影响的修正

考虑到实际应用中，无须在上坡段进行最高车速限制，只对下坡路段的纵断面线形修正系数开展研究。由第 2 章的数据分析结果可知，在高速道路下坡路段，车辆处于加速状态，从安全性角度考虑，应在下坡路段的坡顶进行车速限制。而实际上，下坡坡顶车速与坡度并无直接联系，而坡底运行车速则直接受纵坡及坡长的影响。

（1）运行车速与坡度及坡长的关系

对坡底运行车速与纵坡 i 及坡长 S 进行多元回归分析，得到的回归模型如表 4.4 所示。对高速道路下坡路段坡底和坡顶的运行车速差与坡度进行回归分析，回归曲线如图 4.3 和图 4.4 所示。

表 4.4　　　　　　　　　　高速道路坡底运行车速与纵坡回归模型

车型	回归模型
小型车	$V_{oc} = -7.564i - 0.045S + 190.881, R^2 = 0.9689$
大型车	$V_{ot} = 13.547i + 0.035S + 27.288, R^2 = 0.9625$

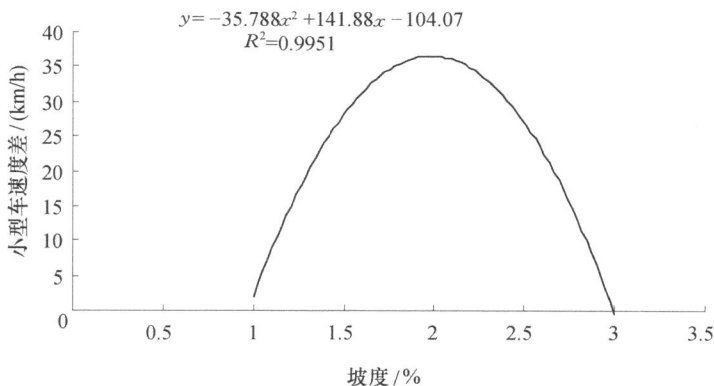

$$y = -35.788x^2 + 141.88x - 104.07$$
$$R^2 = 0.9951$$

图 4.3　纵坡与小型车坡顶和坡底运行车速之差的回归曲线

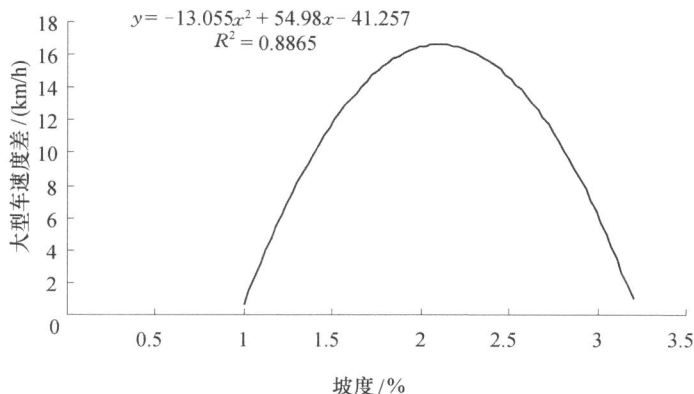

$$y = -13.055x^2 + 54.98x - 41.257$$
$$R^2 = 0.8865$$

图 4.4　纵坡与大型车坡顶和坡底运行车速之差的回归曲线

从图中可以看出：小型车车速差的最大值为 37km/h，出现在坡度等于 2% 的曲线位置，大型车车速差的最大值为 6.7km/h，出现在坡度等于 2.1% 的曲线位置。这表明：驾驶人在驾驶车辆下坡时，当下坡坡度小于临界值（小型车为 2%，大型车为 2.1%）时为自由下坡状态，随着坡度的增大，加速度越大；而当下坡坡度大于临界值时，伴随危险感觉的提高，驾驶人会采取相应的制动措施，随着坡度的增大，加速度减小。当纵坡大于 3% 时，坡底运行车速与坡顶相等。

当纵坡小于 3% 时，高速道路坡底和坡顶的运行车速差与坡度间的回归关系模型为

$$\begin{cases} 小型车： \Delta v_{oc} = -35.788i^2 + 141.88i - 104.07 \\ 大型车： \Delta v_{ot} = -13.055i^2 + 54.98i - 41.26 \end{cases} \tag{4.5}$$

式中，Δv_{oc}——小型车坡底与坡顶运行车速差，km/h；

Δv_{ot}——大型车坡底与坡顶运行车速差，km/h。

根据表 4.4 中的模型及式（4.5）可以得到高速道路下坡路段坡顶运行车速与纵坡度及坡长的关系模型，即

$$\begin{cases} 小型车： \begin{cases} v_{oc} = -35.788i^2 + 134.316i - 0.045S + 86.81 & (i \leqslant 3\%) \\ v_{oc} = -7.564i - 0.045S + 190.88 & (i > 3\%) \end{cases} \\ 大型车： \begin{cases} v_{ot} = -13.055i^2 + 68.567i + 0.035S - 13.972 & (i \leqslant 3\%) \\ v_{ot} = 13.547i + 0.035S + 27.288 & (i > 3\%) \end{cases} \end{cases} \tag{4.6}$$

（2）纵坡与坡长修正系数

从式（4.6）中可以推导出高速道路车速的纵坡与坡长修正系数 $f_{i,s}$ 的计算公式，即

$$\begin{cases} 小型车： \begin{cases} f_{i,s} = \dfrac{-31.81i^2 + 119.39i - 0.04S + 77.16}{v_d} & (i \leqslant 3\%) \\ f_{i,s} = \dfrac{-6.72i - 0.04S + 169.67}{v_d} & (i > 3\%) \end{cases} \\ 大型车： \begin{cases} f_{i,s} = \dfrac{-16.32i^2 + 85.71i + 0.04S - 17.47}{v_d} & (i \leqslant 3\%) \\ f_{i,s} = \dfrac{16.93i + 0.04S + 34.11}{v_d} & (i > 3\%) \end{cases} \end{cases} \tag{4.7}$$

根据式（4.7）计算得到小型车和大型车最高车速限制基准值纵坡与坡长修正系数，如表 4.5 和表 4.6 所示。

表 4.5　　　　　　　　　　　　　小型车纵坡与坡长修正系数

设计速度/(km/h)	纵坡坡度/%	纵坡坡长/m	修正系数	最高车速限制值/(km/h)
120	$i\leqslant2$	$300\leqslant S\leqslant1720$	1.00	125
	$i\leqslant2$	$S>1720$	0.96	120
	$2<i\leqslant3$	$300\leqslant S\leqslant720$	1.00	125
	$2<i\leqslant3$	$720<S\leqslant840$	0.96	120
	$2<i\leqslant3$	$S>840$	0.94	115
	$3<i\leqslant4$	$300\leqslant S\leqslant580$	1.00	125
	$3<i\leqslant4$	$580<S\leqslant700$	0.96	120
	$3<i\leqslant4$	$700<S\leqslant800$	0.92	115
	$3<i\leqslant4$	$800<S<900$	0.88	110
100	$i\leqslant2$	$250\leqslant S\leqslant2220$	1.00	105
	$i\leqslant2$	$S>2220$	0.95	100
	$2<i\leqslant3$	$250\leqslant S\leqslant1230$	1.00	105
	$2<i\leqslant3$	$S>1230$	0.95	100
	$3<i\leqslant4$	$250\leqslant S<1000$	1.00	105
	$4<i\leqslant5$	$250\leqslant S<800$	1.00	105
80	$i\leqslant2$	$200\leqslant S\leqslant2720$	1.00	85
	$i\leqslant2$	$S>2720$	0.94	80
	$2<i\leqslant3$	$200\leqslant S\leqslant1720$	1.00	85
	$2<i\leqslant3$	$S>1720$	0.94	80
	$3<i\leqslant4$	$200\leqslant S<1100$	1.00	85
	$4<i\leqslant5$	$200\leqslant S<900$	1.00	85
	$5<i\leqslant6$	$200\leqslant S<700$	1.00	85
60	$i\leqslant2$	$150\leqslant S\leqslant3220$	1.00	65
	$i\leqslant2$	$S>3220$	0.92	60
	$2<i\leqslant3$	$150\leqslant S\leqslant2220$	1.00	65
	$2<i\leqslant3$	$S>2220$	0.92	60
	$3<i\leqslant4$	$150\leqslant S<1200$	1.00	65
	$4<i\leqslant5$	$150\leqslant S<1000$	1.00	65
	$5<i\leqslant6$	$150\leqslant S<800$	1.00	65

表 4.6   大型车纵坡与坡长修正系数

设计速度/(km/h)	纵坡坡度/%	纵坡坡长/m	修正系数	最高车速限制值/(km/h)
120	$i\leqslant 2$	$300\leqslant S<770$	0.95	90
	$i\leqslant 2$	$S\geqslant 770$	1.00	95
	$2<i\leqslant 3$	$300\leqslant S<670$	0.95	90
	$2<i\leqslant 3$	$S\geqslant 670$	1.00	95
	$3<i\leqslant 4$	$300\leqslant S<450$	0.95	90
	$3<i\leqslant 4$	$450\leqslant S<900$	1.00	95
100	$i\leqslant 2$	$250\leqslant S<280$	0.94	80
	$i\leqslant 2$	$S\geqslant 280$	1.00	85
	$2<i\leqslant 5$	$S\geqslant 250$	1.00	85
80	$i\leqslant 6$	$S\geqslant 200$	1.00	65
60	$i\leqslant 6$	$S\geqslant 150$	1.00	60

4.2.3 横断面影响的修正

高速道路车速的横断面影响因素包括车道数及车道位置，高速道路车道数有双向四车道、六车道和八车道，车道位置分为内侧车道、中间车道和外侧车道。

（1）车道数修正系数

调查表明：车道数越多，车辆的运行车速越高。以八车道高速道路作为最高车速限制基准值的适用条件，按照高速道路双向每减少 2 车道最高车速限制降低 5km/h 的原则，得到高速道路小型车和大型车车道数修正系数如表 4.7 和表 4.8 所示。

表 4.7   小型车车道数修正系数

设计速度/(km/h)	车道数	最高车速限制值/(km/h)	车道数修正系数
120	双向八车道	125	1.00
	双向六车道	120	0.96
	双向四车道	115	0.92
100	双向八车道	105	1.00
	双向六车道	100	0.95
	双向四车道	95	0.90
80	双向八车道	85	1.00
	双向六车道	80	0.94
	双向四车道	75	0.88
60	双向八车道	65	1.00
	双向六车道	60	0.92
	双向四车道	55	0.85

表 4.8   大型车车道数修正系数

设计速度/(km/h)	车道数	最高车速限制值/(km/h)	车道数修正系数
120	双向八车道	95	1.00
	双向六车道	90	0.95
	双向四车道	85	0.89
100	双向八车道	85	1.00
	双向六车道	80	0.94
	双向四车道	75	0.88
80	双向八车道	65	1.00
	双向六车道	60	0.92
	双向四车道	55	0.85
60	双向八车道	50	1.00
	双向六车道	45	0.90
	双向四车道	40	0.80

（2）车道位置修正系数

对于双向四车道高速公路，以内侧车道的修正系数为 1.00，根据现场实测数据，外侧车道的修正系数取为 0.98。而对于双向六车道和双向八车道高速道路，内、外侧车道分别作为小型车和大型车的专用车道，中间车道为混行车道。以内侧车道的修正系数为 1.00，按照降低 5km/h 的原则，给出双向六车道和双向八车道高速道路小型车车道位置修正系数，如表 4.9 所示。

表 4.9   小型车车道位置修正系数

设计速度/(km/h)	双向车道数	内侧车道		中间车道	
		最高车速限制值/(km/h)	车道位置修正系数	最高车速限制值/(km/h)	车道位置修正系数
120	八车道	125	1.00	120	0.96
	六车道	120	1.00	115	0.96
100	八车道	105	1.00	100	0.95
	六车道	100	1.00	95	0.95
80	八车道	85	1.00	80	0.94
	六车道	80	1.00	75	0.94
60	八车道	65	1.00	60	0.92
	六车道	60	1.00	55	0.92

4.3 交通条件影响的修正

4.3.1 交通量影响的修正

为消除线形条件对高速道路车速的影响，对高速道路平直路段的运行车速与交通量（标准小汽车/车道）进行回归分析，其回归曲线如图 4.5 所示。从图中可以看出：随着交通量的增大，高速道路运行车速逐渐降低，但其降低趋势逐渐变缓。

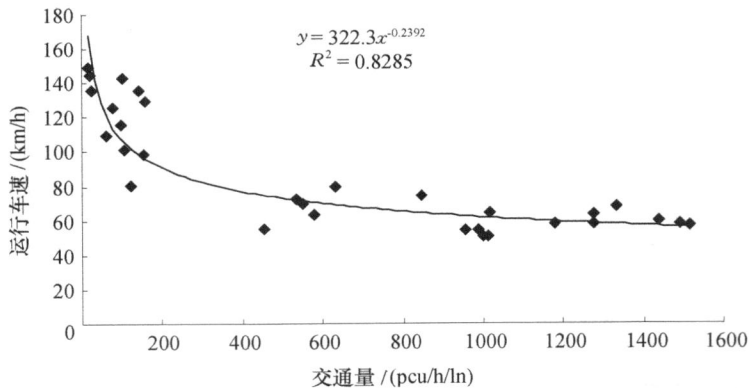

图 4.5　高速道路交通量与运行车速回归曲线

高速道路运行车速与交通量的回归关系模型为

$$v_{\mathrm{o}} = 322.3 Q_{\mathrm{h}}^{-0.2392} \tag{4.8}$$

式中，v_{o}——运行车速，km/h；

$\quad\quad Q_{\mathrm{h}}$——小时交通量，pcu/h/ln。

根据现场实测数据，理想条件下高速道路混合车流的运行车速为 120.2km/h，将式（4.8）代入式（4.1），可得到高速道路最高车速限制基准值的交通量修正系数 f_{Q}，即

$$f_{\mathrm{Q}} = \frac{321.8 Q_{\mathrm{h}}^{-0.2392}}{v_{\mathrm{d}}} \tag{4.9}$$

《标准》中给出的各级高速道路的基本通行能力与设计通行能力如表 4.10 所示。依据表 4.10 及式（4.9），对高速道路最高车速限制基准值的交通量影响修正系数进行计算，得到的小型车与大型车交通量修正系数如表 4.11 和 4.12 所示。

表 4.10　　　　　　　　　　　　　　高速道路设计通行能力

设计速度/(km/h)	基本通行能力/(pcu/h/ln)	设计通行能力/(pcu/h/ln)
120	2200	1650
100	2100	1600
80	2000	1500
60	1800	900

表 4.11　　　　　　　　　　　　　　　　小型车交通量修正系数

设计速度/(km/h)	交通量/(pcu/h/ln)	修正系数	最高车速限制值/(km/h)
120	$Q_h \leqslant 62$	1.00	125
	$62 < Q_h \leqslant 74$	0.96	120
	$74 < Q_h \leqslant 88$	0.92	115
	$88 < Q_h \leqslant 105$	0.88	110
	$105 < Q_h \leqslant 130$	0.84	105
	$130 < Q_h \leqslant 160$	0.80	100
	$160 < Q_h \leqslant 195$	0.76	95
	$195 < Q_h \leqslant 240$	0.72	90
	$240 < Q_h \leqslant 310$	0.68	85
	$310 < Q_h \leqslant 400$	0.64	80
	$400 < Q_h \leqslant 520$	0.60	75
	$520 < Q_h \leqslant 700$	0.56	70
	$700 < Q_h \leqslant 950$	0.52	65
	$950 < Q_h \leqslant 1350$	0.48	60
	$1350 < Q_h \leqslant 1900$	0.44	55
	$Q_h > 1900$	0.40	50
100	$Q_h \leqslant 130$	1.00	105
	$130 < Q_h \leqslant 160$	0.96	100
	$160 < Q_h \leqslant 200$	0.91	95
	$200 < Q_h \leqslant 250$	0.86	90
	$250 < Q_h \leqslant 320$	0.81	85
	$320 < Q_h \leqslant 410$	0.76	80
	$410 < Q_h \leqslant 550$	0.71	75
	$550 < Q_h \leqslant 720$	0.67	70
	$720 < Q_h \leqslant 1000$	0.62	65
	$1000 < Q_h \leqslant 1400$	0.57	60
	$Q_h > 1400$	0.52	55
80	$Q_h \leqslant 340$	1.00	85
	$340 < Q_h \leqslant 440$	0.94	80
	$440 < Q_h \leqslant 580$	0.88	75
	$580 < Q_h \leqslant 750$	0.83	70
	$750 < Q_h \leqslant 1050$	0.76	65
	$1050 < Q_h \leqslant 1400$	0.71	60
	$Q_h > 1400$	0.65	55
60	$Q_h \leqslant 1100$	1.00	65
	$Q_h > 1100$	0.92	60

表 4.12   大型车交通量修正系数

设计速度/(km/h)	交通量/(pcu/h/ln)	修正系数	最高车速限制值/(km/h)
120	$Q_h \leqslant 62$	1.00	95
	$62 < Q_h \leqslant 78$	0.95	90
	$78 < Q_h \leqslant 100$	0.89	85
	$100 < Q_h \leqslant 130$	0.84	80
	$130 < Q_h \leqslant 170$	0.79	75
	$170 < Q_h \leqslant 220$	0.74	70
	$220 < Q_h \leqslant 310$	0.68	65
	$310 < Q_h \leqslant 410$	0.64	60
	$410 < Q_h \leqslant 600$	0.58	55
	$600 < Q_h \leqslant 900$	0.53	50
	$900 < Q_h \leqslant 1350$	0.48	45
	$Q_h > 1350$	0.43	40
100	$Q_h \leqslant 130$	1.00	85
	$130 < Q_h \leqslant 170$	0.94	80
	$170 < Q_h \leqslant 220$	0.89	75
	$220 < Q_h \leqslant 300$	0.82	70
	$300 < Q_h \leqslant 410$	0.76	65
	$410 < Q_h \leqslant 550$	0.71	60
	$550 < Q_h \leqslant 820$	0.65	55
	$820 < Q_h \leqslant 1200$	0.59	50
	$1200 < Q_h \leqslant 1900$	0.53	45
	$Q_h > 1900$	0.47	40
80	$Q_h \leqslant 340$	1.00	65
	$340 < Q_h \leqslant 470$	0.92	60
	$470 < Q_h \leqslant 700$	0.84	55
	$700 < Q_h \leqslant 1050$	0.76	50
	$1050 < Q_h \leqslant 1500$	0.70	45
	$Q_h > 1500$	0.62	40
60	$Q_h \leqslant 1100$	1.00	50
	$Q_h > 1100$	0.90	45

4.3.2 交通组成影响的修正

由第 2 章分析结果可知，高速道路的大型车比例与运行车速相关性较强。对高速道路平直路段的运行车速与大型车比例进行回归分析，其回归曲线如图 4.6 所示。

从图 4.6 中可以看出：高速道路运行车速随着大型车比例的增加而降低。高速道路运行车

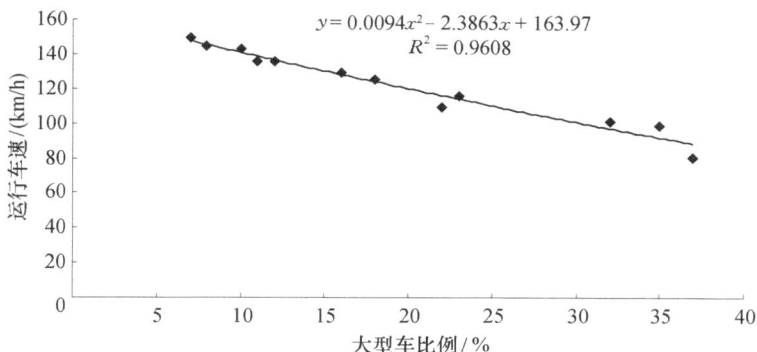

图 4.6　高速道路大型车比例与运行车速回归曲线

速与大型车比例的关系模型为

$$v_o = 0.0094r^2 - 2.3863r + 163.97 \qquad (4.10)$$

根据式（4.10），可得到高速公路车速的交通组成修正系数 f_r，即

$$f_r = \frac{1}{v_d}(0.009r^2 - 2.382r + 163.7) \qquad (4.11)$$

根据式（4.11），可计算得到高速道路小型车的交通组成修正系数如表 4.13 所示。

表 4.13　　　　　　　　　　　　　　交通组成修正系数

设计速度/(km/h)	大型车比例	修正系数	最高车速限制/(km/h)
120	$r \leqslant 20\%$	1.00	125
	$20\% < r \leqslant 22.5\%$	0.96	120
	$22.5\% < r \leqslant 25\%$	0.92	115
	$25\% < r \leqslant 27.5\%$	0.88	110
	$27.5\% < r \leqslant 30\%$	0.84	105
	$30\% < r \leqslant 32.5\%$	0.80	100
	$r > 32.5\%$	0.76	95
100	$r \leqslant 30.5\%$	1.00	105
	$30.5\% < r \leqslant 33\%$	0.95	100
	$33\% < r \leqslant 35.5$	0.91	95
	$35.5\% < r \leqslant 38.5$	0.86	90
	$r > 38.5\%$	0.81	85
80	$r \leqslant 42\%$	1.00	85
	$42\% < r \leqslant 45\%$	0.94	80
	$45\% < r \leqslant 48\%$	0.88	75
	$48\% < r \leqslant 51\%$	0.82	70
	$r > 51\%$	0.76	65
60	$r \leqslant 55\%$	1.00	65
	$55\% < r \leqslant 58.5\%$	0.92	60
	$58.5\% < r \leqslant 62\%$	0.85	55
	$r > 62\%$	0.77	50

4.4 路面条件影响的修正

4.4.1 路面状况评价指标

（1）路面状况指数

我国高速道路路面结构有三大类：半刚性沥青路面（简称半刚性路面或沥青路面），约占75%；水泥混凝土路面（简称刚性路面或水泥路面），约占23%，刚性组合式路面（水泥混凝土或碾压混凝土板上铺一层沥青混凝土），约占2%。

美国20世纪80年代对路面的实际使用寿命做了一次全国性的广泛调查，调查后发表文章指出：按照AASHTO路面设计方法，沥青路面的设计使用期为20年，但实际使用期只有8～12年，水泥混凝土路面的设计使用期一般为30年。我国近几年也进行了大量调查，调查的结果表明：我国高速道路的建设主要集中在近几年完成，路面普遍呈现早期破坏，许多沥青路面在通车2～3年后就出现了不同程度的破损，甚至有一些在通车不到一年时间内便出现大面积的破坏，不得不将刚完成的面层铣刨后重新铺筑新面层。

路面破损现象是各种因素作用于路面结构的结果，也是衡量路面服务潜力的最重要因素之一。路面损坏需由类型、严重程度和范围三方面属性表征。每一个子路段上往往会出现多种类型、程度和范围的损坏。为了使每一个路段能有一个统一的尺度来衡量其损坏状况，以便各路段间能对此进行比较，目前，无论是沥青混凝土路面还是水泥混凝土路面，相关研究均选用路面状况指数作为路面状况评价指标，以百分制表示，用下式定义，即

$$PCI = 100 - \sum_{i=1}^{n} \sum_{j=1}^{m_i} DP_{ij} W_{ij} \qquad (4.12)$$

式中，PCI——路面状况指数；

$\quad\quad i$——损坏类型；

$\quad\quad j$——严重程度；

$\quad\quad n$——损坏类型总数；

$\quad\quad m_i$——第i类损坏的严重程度等级数；

$\quad\quad DP_{ij}$——相应于i类损坏和j种程度的损坏扣分值；

$\quad\quad W_{ij}$——出现多种损坏时相应于ij损坏的修正权数。

根据路面状况指数PCI可将路况等级分为优、良、中、次、差五个等级，具体见表4.14。

表 4.14　　路面状况等级

路况等级	PCI	路面状况	采取措施
优	90～100	平整、坚实	仅需日常保养
良	71～90	平整、无明显变形、少量裂缝	需日常保养及小修
中	51～70	有少量中等或中等以上龟裂、其他轻度损坏	需小修或中修
次	31～50	各种损坏较多	需中修或大修
差	≤30	各种损坏很多、破损严重	急需大修、改建

（2）国际平整度指数

路面平整度是路面评价的一个重要指标，直接反映了路面的行驶舒适性及安全性，是一个涉及人、车、路三方面的指标。美国材料试验学会（American Society for Testing and Material，ASTM）对道路平整度的定义为：路面表面相对于理想平面的竖向偏差，而这种偏差会影响车辆动力特性、行驶质量、路面所受动荷载及排水。

路面平整度测定的方法与仪器较多，采用的指标也各不相同。为使采用不同方法和仪器测定的结果可以相互比较，需要寻找一个标准的可以统一的指标。Sayers 等人在世界银行资助下进行路面平整度试验，在此基础上提出了国际平整度指数（International Roughness Index，*IRI*）的评价指标，其定义为：标准车身悬架的总位移（m）与行驶距离（km）之比。

相关研究通过对油耗、轮耗、保修材料消耗与平整度的关系模型分析，国际平整度指数 *IRI* 与路况指数 *PCI* 可通过下式进行转换，即

$$IRI = 1.92 - 4.51 \lg \{0.21 \times [0.35(PCI - 50)/50 + 1.5]\} \tag{4.13}$$

式中，*IRI*——国际平整度指数。

我国《公路沥青路面施工技术规范》（JTG F40—2004）和《公路工程质量检验评定标准》（JTG F801—2012）所采用的平整度检测指标是 3m 直尺测定的最大间隙和连续式平整度仪测定的路面不平整度标准差。1990 年至今，交通和运输部公路科学研究所曾多次组织对国际平整度指数与平整度标准差进行对比试验，通过回归分析得到国际平整度指数与平整度标准差的相关关系，即

$$\sigma = 0.5926 IRI + 0.013 \tag{4.14}$$

式中，σ——平整度标准差，mm。

4.4.2　路面状况指数与驾驶舒适性的关系

当路况等级较低，若驾驶人以较高车速行驶，势必会带来不舒适感。西安交通大学对不同行驶速度条件下乘客不舒适感量化指数与平整度标准差进行了测试研究，其测试数据如表 4.15 所示。

表 4.15　　　　　　　乘客不舒适感量化指标、车速与平整度标准差测试数据

不舒适感量化指数 B_s	车速/（km/h）	不平整度标准差
1.57	60	1.65
1.72	60	1.68
2.01	60	2.18
2.22	60	2.81
2.63	60	3.27
1.93	70	1.68
2.08	70	2.18
1.22	70	1.56
2.17	80	1.68
2.47	80	2.18
2.58	80	1.56

对表 4.15 中的数据进行多元回归分析，得到乘客不舒适感量化指数与车速及平整度标准差的关系模型为

$$B_s = 0.033v + 0.646\sigma - 1.521 \tag{4.15}$$

式中，B_s——乘客不舒适感量化指数。研究表明，根据国际标准化组织推荐的振动舒适性标准 ISO2631，当其数值超过 4 时，乘客即出现不舒适感。

从式（4.15）可以看出：随着车速及路面不平整度的提高，乘客的不舒适感将随之增强。

4.4.3　路面条件修正系数确定

根据式（4.13）、式（4.14）及式（4.15）可以推导出乘客不舒适感量化指数与行驶车速、路面状况指数三者间的量化关系为

$$B_s = 0.033v - 1.724 \lg(0.015PCI - 0.42) - 0.778 \tag{4.16}$$

为保证驾驶舒适性，取乘客不舒适感量化指数 $B_s = 3.9$，根据式（4.15），可计算得到设计速度 120km/h 高速公路对应不同路面状况的小型最高车速限制值及相应的修正系数，如表 4.16 所示。

表 4.16　　　　　　　　　　120km/h 高速公路对小型车路面条件修正系数

路况指数 PCI	平整度指数 IRI	平整度标准差 σ	车速/(km/h)	修正系数
≥60	≤3.43	≤2.05	125	1.00
[54, 60]	(3.43, 3.85)	(2.05, 2.29)	120	0.96
[49, 54]	(3.85, 4.28)	(2.29, 2.55)	115	0.92
[45, 49]	(4.28, 4.70)	(2.55, 2.80)	110	0.88
[41.5, 45]	(4.70, 5.17)	(2.80, 3.08)	105	0.84
[39, 41.5]	(5.17, 5.59)	(3.08, 3.33)	100	0.80
[37, 39]	(5.59, 6.01)	(3.33, 3.57)	95	0.76
[35, 37]	(6.01, 6.54)	(3.57, 3.89)	90	0.72
[33.7, 35]	(6.54, 6.98)	(3.89, 4.15)	85	0.68
[32.8, 33.7]	(6.98, 7.36)	(4.15, 4.38)	80	0.64
[31.8, 32.8]	(7.36, 7.89)	(4.38, 4.69)	75	0.60
[31, 31.8]	(7.89, 8.37)	(4.69, 4.97)	70	0.56
<31	>8.37	>4.97	大修或改建	

对于大型车及其他设计速度高速道路的最高车速限制可用表 4.16 中的修正系数乘以相应的基准值后，取 5 的整数倍获取。

第 5 章

高速道路最低车速限制与限速实施方法

　　为保证行车秩序,在对高速道路实施最高车速限制的同时,对车辆的最低车速进行限制是十分必要的。目前,最低车速限制的制定多以 15％ 位车速作为依据,但是本书认为高速道路最低车速限制应该在遵循尽量提高运行效率的原则下,同时兼顾经济性与安全性而确定。而如何在高速道路车速限制方法的基础上给出合理的车速限制实施方法,最终决定了车速限制的实施效果。因此,有必要研究给出一套切实可行的高速道路车速限制方法。

5.1　最低车速限制方法的提出

5.1.1　最低车速限制的原则与基本思路

　　(1) 最低车速限制的原则

　　在确定高速道路最低车速限制值时,应在保证事故率小于容忍值的前提条件下,实现高速道路的运行效率与汽车的燃油经济性。

　　最低车速限制应遵循的原则如下。

　　①最低车速限制值应尽量接近经济车速,以油耗量最小作为目标。

　　②最低车速限制应尽量降低车速离散程度,从而保证交通事故率不超过容忍值。

　　③为提高高速道路运行效率,确定的最低车速限制值应大于或等于满足上述条件的模型解。

　　(2) 最低车速限制的基本思路

　　最低车速限制方法应通过构建基于经济性的目标函数及基于安全性的约束条件来实现,具体思路描述如下。

　　1) 基于经济性的最低车速限制目标函数

　　建立高速道路不同坡度条件下的运行车速与油耗量关系模型,以油耗量最小作为目标函数,即以经济车速作为目标函数的最优解。

　　2) 基于安全性的最低车速限制约束条件

　　建立高速道路车速离散程度指标与事故率的关系模型,借鉴国外相关研究成果确定事故率容忍值,以事故率小于其容忍值作为约束条件,将确定的最低车速与经济车速对比,取二者中的较大值。

5.1.2　最低车速限制值的确定方法

　　综上,提出基于经济车速及车速离散程度约束的高速道路最低车速限制方法,具体可通过式 (5.1) 来表述。

$$\min \left[F = f(v) \right] \max (v_e, v([AR]))$$
$$\mathrm{s.\,t.} \begin{cases} AR \leqslant [AR] \\ v_l \geqslant \max (v_e, v([AR])) \end{cases} \tag{5.1}$$

式中,F——油耗量,L/100km;

　　$f(v)$——油耗量与运行车速的函数关系式;

　　AR——亿车千米事故率,次/(亿车·千米);

　　$[AR]$——亿车千米事故率容忍值,次/(亿车·千米);

　　v_l——最低车速限制值,km/h;

v_e——经济车速，km/h；

$v([AR])$——对应事故率容忍值的运行车速，km/h。

5.2　基于安全性的约束条件

5.2.1　车速离散性与交通安全的关系

相关研究表明，车速的离散性越小，发生道路交通事故的可能性便越小。Solomon 在 1964 年研究了车速和平均车速的差值与事故率的关系，得出一条 U 形曲线，表明车辆的速度无论是高于还是低于平均车速，其车速差值越大，事故率就会越高，具体的关系模型为

$$I = 10^{0.000602\Delta v^2 - 0.006675\Delta v + 2.23} \tag{5.2}$$

式中，I——10 万车千米事故率，次/10 万车·千米；

Δv——车速与平均车速之差，km/h。

蒙纳斯大学事故研究中心在 1993 年也对车速和平均车速的差值与事故率的关系进行了研究。结果表明，车速与平均车速的差值越大，事故率越高，这与 Solomon 的研究结果是一致的，但是该研究并没有得出车速低于平均车速时其差值与事故率的关系。其具体的关系模型为

$$I = 500 + 0.8\Delta v^2 + 0.014\Delta v^3 \tag{5.3}$$

Liu 和 Popoff 曾对平均车速以及 85% 位车速和 15 位车速之差与伤亡率的关系进行了研究，结果表明，平均车速每降低 1km/h，伤亡率将降低 7%。得出的两个线性模型为

$$CR = 190.7\bar{v} - 17126.1 \tag{5.4}$$

$$CR = -0.00298\bar{v} + 0.0405Diff - 3.366 \tag{5.5}$$

式中，CR——百万车千米伤亡率，次/百万车·千米；

$\bar{v}$——平均车速，km/h；

$Diff$——85% 位车速与 15% 位车速之差，km/h。

英国交通研究实验室的 A.Buruga 研究出的 EURO 模型表明，事故率和平均车速与超速行驶者的比例有很大关系，平均车速和车速差异都会对事故率产生影响，当平均车速为 60km/h 时，车速差异每降低 1km/h，事故率将降低 2.56%。具体的模型为

$$\Delta\ln(N) = \left(\frac{1.536}{\bar{v}}\right)\Delta v \tag{5.6}$$

式中，N——年平均事故次数，次/年。

5.2.2　车速离散度及其与事故率的关系

从已有的研究成果来看，车速分布越离散，事故率越高。因此，从交通安全角度出发，高速道路最低车速限制应以尽量降低车速分布的离散性为准则。为量化分析车速离散性，本书提出车速离散度的概念，其计算公式为

$$SD = \frac{v_{\max} - v_{\min}}{v_{\max}} \tag{5.7}$$

式中，SD——车速离散度，取值范围为 0～1；

$v_{\max}$——最高运行车速，km/h；

v_{min}——最低运行车速，km/h。

从式（5.7）可以看出，最低车速越高，车速离散度越小；如果最低车速与最高车速相等，即所有车辆均以同一速度行驶，在这种假设的理想条件，车速离散度为零；而最低车速趋于零时，为假设的最不利条件下，车速离散度为1。

对我国7条高速公路的车速离散度与事故率进行回归分析，各条高速公路的车速离散度及亿车千米事故率数据如表5.1所示，回归关系曲线如图5.1所示。

表 5.1　部分高速公路车速离散度与亿车公里事故率数据

高速公路	车速离散度	事故数量/（次/年）	交通量/（辆/年）	里程/km	亿车千米事故率
成俞高速（重庆段）	0.21	206	7 708 800	114.0	23.44
石太高速	0.20	244	3 972 470	213.4	28.78
广佛高速	0.09	145	42 223 200	16.0	21.46
京石高速	0.38	1065	8 719 852	269.6	45.30
沪宁高速（上海段）	0.18	194	12 511 608	74.1	20.93
沈大高速	0.16	887	12 334 480	375.0	19.18
京津塘高速（北京段）	0.26	140	12 859 680	35.0	31.10

从图5.1中可以看出：亿车千米事故率与车速离散度的相关性较高。分别用二次多项式与幂函数对二者进行拟合，发现二次多项式的相关性（$R^2=0.9184$）要好于幂函数（$R^2=0.6265$）。但二次多项式具有其局限性。

①当 $SD=0$ 时，事故率理论上应等于零，二次多项式不满足该条件。

②当 $SD<0.08$ 时，事故率仍应与车速离散度具有正相关性，而二次多项式为负相关。

对于上述的局限性，幂数函数恰恰可以弥补，因此本书构建的高速道路亿车千米事故率与车速离散度的关系模型为

$$AR=\begin{cases} 61.239SD^{0.5186} & SD\leqslant0.08 \\ 297.53SD^2-49.663SD+22.401 & SD>0.08 \end{cases} \tag{5.8}$$

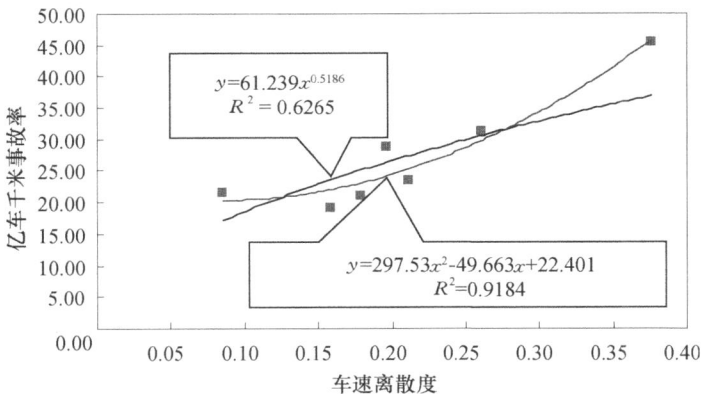

图 5.1　车速离散度与亿车公里事故率关系曲线

5.2.3 事故率容忍值确定

美国联邦公路署研究报告（FHWA-RD-99-174）中给出了不同安全水平对应的事故率如表 5.2 所示。以表 5.2 中一级安全水平对应的事故率上限作为容忍值，即 $[AR] = 46$。

表 5.2　　　　　　　　　　　　安全水平与事故率

安全等级	安全水平	亿车千米事故率
一	好（good）	[0, 46]
二	中（fair）	(46, 144]
三	差（poor）	(144, 276)

根据式（5.8），可计算得到对应不同设计安全水平的车速离散度，如表 5.3 所示。由 $[AR] = 46$，可得车速离散度的容忍值 $[SD] = 0.38$。根据式（5.7），可得对应事故率容忍值的运行车速为

$$v（[AR]）= 0.62v_h \tag{5.9}$$

式中，$v([AR])$——对应事故率容忍值的运行车速，km/h；

　　　　v_h——最高车速限制值，km/h。

基于安全性的高速道路最低车速限制约束条件为

$$v_l \geqslant 0.62v_h \tag{5.10}$$

表 5.3　　　　　　　对应不同设计安全水平的车速离散度

安全等级	设计安全水平	车速离散度 SD
一	好（good）	[0, 0.38]
二	中（fair）	(0.38, 0.73]
三	差（poor）	(0.73, 1)

5.3　最低车速限制值的确定

5.3.1　油耗-车速关系模型

对高速道路下坡段对应不同坡度的车速与油耗数据进行回归分析，除第 3 章建立的 $i \leqslant 1\%$ 情况下的油耗-车速关系模型外，其他坡度下的油耗 F 与车辆的行驶车速 v 的回归曲线如图 5.2 所示，关系模型汇总于表 5.4。

表 5.4　　　　　　　　　　高速公路油耗-车速关系模型

纵坡坡度	油耗-车速关系模型
$1\% < i \leqslant 2\%$	$F = 0.0021v^2 - 0.3465v + 26.135$，$R^2 = 0.9960$
$2\% < i \leqslant 3\%$	$F = 0.0026v^2 - 0.4037v + 28.546$，$R^2 = 0.9960$
$3\% < i \leqslant 4\%$	$F = 0.0023v^2 - 0.3619v + 26.876$，$R^2 = 0.7989$
$4\% < i \leqslant 6\%$	$F = 0.0030v^2 - 0.4651v + 31.602$，$R^2 = 0.8588$

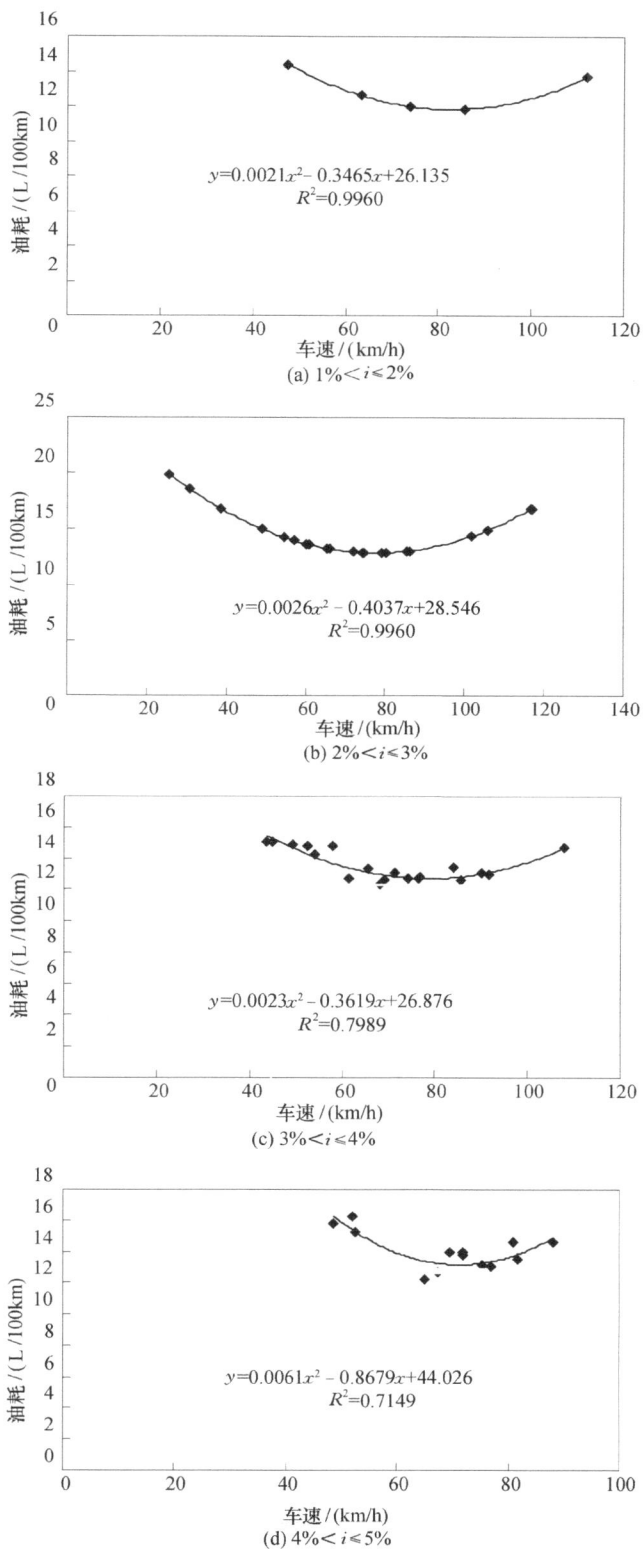

(a) 1%<*i*≤2%

(b) 2%<*i*≤3%

(c) 3%<*i*≤4%

(d) 4%<*i*≤5%

图 5.2　不同坡度下车速-油耗关系曲线

5.3.2　经济车速的确定

对建立的不同坡度下的车速-油耗模型进行分析，可得出高速道路对应不同坡度的经济车速如表 5.5 所示。

从表 5.5 中可以看出：随着高速公路坡度的增大，经济车速呈降低趋势，对应的最小油耗则呈上升趋势，其中，1%～2% 坡度，经济车速及最小油耗量的变化最为显著；而当坡度为3%～4% 时，经济车速及最小油耗量则基本无变化。显然，为节约有限的资源，在制定高速道路最低车速限制时，应将经济车速作为参考依据之一。

表 5.5　　　　　　　　　　　　　不同坡度下的高速道路经济车速

纵坡坡度	经济车速 v_e/(km/h)	最小油耗量/(L/100km)
$i \leqslant 1\%$	97	10.30
$1\% < i \leqslant 2\%$	82	11.84
$2\% < i \leqslant 3\%$	78	12.88
$3\% < i \leqslant 4\%$	77	12.64
$4\% < i \leqslant 6\%$	71	13.70

5.3.3　最低车速限制值

根据式（5.1）、式（5.9）及表 5.5 中的数据可得到设计速度 120km/h 高速道路小型车最低车速限制值，对应其他设计速度的小型车最低车速限制值按设计速度的比值折减确定，得到高速道路小型车最低车速限制值如表 5.6 所示。

表 5.6　　　　　　　　　　　　　　小型车最低车速限制值

设计速度/(km/h)	坡度/%	最低车速限制值/(km/h)
120	$i \leqslant 1$	100
120	$1 < i \leqslant 2$	85
120	$2 < i \leqslant 4$	80
100	$i \leqslant 1$	85
100	$1 < i \leqslant 2$	75
100	$2 < i \leqslant 5$	70
80	$i \leqslant 1$	70
80	$1 < i \leqslant 2$	60
80	$2 < i \leqslant 6$	55
60	$i \leqslant 1$	50
60	$1 < i \leqslant 2$	45
60	$2 < i \leqslant 6$	40

根据大型车与小型车平均运行车速的比值对表 5.6 中数据进行折减后，与事故率容忍值对应车速对比，取二者中较大值作为大型车最低车速限制值 v_{lt}，计算得到高速道路大型车最低车速限制值，如表 5.7 所示。

$$v_{lt} = \max \left(\frac{\overline{v}_t}{\overline{v}_c} \cdot v_{lc},\ 0.62v_{ht} \right) \tag{5.11}$$

式中，v_{lt}——大型车最低车速限制值，km/h；

v_{lc}——小型车最低车速限制值，km/h；

v_{ht}——大型车最高车速限制值，km/h。

表 5.7　　　　　　　　　　　　　大型车最低车速限制值

设计速度/(km/h)	坡度/%	最低车速限制值/(km/h)
120	$i \leqslant 1$	75
120	$1 < i \leqslant 2$	65
120	$2 < i \leqslant 4$	60
100	$i \leqslant 2$	60
100	$2 < i \leqslant 5$	55
80	$i \leqslant 1$	55
80	$1 < i \leqslant 6$	45
60	$i \leqslant 1$	40
60	$1 < i \leqslant 6$	35

5.4　车速限制实施方法

5.4.1　分车型与分车道车速限制方法

（1）分车道车速限制优缺点及适用性分析

分车道车速限制是指在不同车道采用不同车速限制值的限速方法，限速标志通常采用门架式或借助跨线桥附着于桥梁上，车道上方正对的限速标志标明了该车道的限速值，也可采用在路面上施画文字标记的方式。

分车道车速限制具有如下优点。

①减小同一车道车辆间的速度差，降低了车速离散性，有利于减小事故发生概率。

②减少车辆变换车道操作，改善交通运行环境，有助于提高车辆运行的安全性。

③如果将最内侧超车道改为正常行驶车道，在交通量较大时，有助于提高道路的通行能力。

同时，分车道车速限制方法缺点在于：不同车道限速值不同，但曲线半径小于不设超高最小半径的曲线处的超高却相同，如果某个车道的限速值偏高或偏低，则可能出现欠超高或过超高的现象，带来一定安全隐患。

针对以上分析，本研究认为分车道车速限制方法的适用条件如下。

①当同一车道的速度非常离散时，或者说快车与慢车在同一车道混行时，需要考虑分车道限速。

②设置超高的曲线段不推荐采用分车道车速限制方法。

（2）分车型车速限制优缺点及适用性分析

分车型车速限制是指根据不同类型车辆运行安全及运营管理需要，对不同车型实施不同车速限制值的车速限制方法。

图 5.3 为我国某高速公路上设置的限速标志，标志指明：小客车最高限速 120km/h，货车最高限速 90km/h，最低限速为 60km/h，大客车限速标志虽没有给出，但《中华人民共和国道路交通安全法》实施条例明确规定：高速公路上行驶的除小型载客汽车以外的其他机动车不得超过 100km/h，这说明大客车最高限速为 100km/h。

图 5.3 某高速公路分车型车速限制

在分车型限速与交通安全的关系问题上，目前尚未得到一致的结论，仍需要进行更多的研究。比如在对待卡车实施更低限速的问题上，支持者认为卡车与小汽车相比加减速性能差、操作不够灵活、制动距离长，尤其是载重超载卡车将会导致更多的事故发生和更为严重的后果；反对者认为由于对卡车实施了更低的限速，导致车辆间速差更大，加剧了因换道超车等操作造成的冲突，可能引发更多的事故。

分车型车速限制方法的优点在于考虑了不同车型车辆间的性能差异，有助于改善特定类型车辆的安全运行状况。同时，分车型车速限制方法还存在缺点，即车型分类的不确定性和多样性往往是实施分车型限速的主要障碍。如限速车型是按小客车和货车划分的，但 9 座以上的客车的限速未明确标明，对《中华人民共和国道路交通安全法》不是十分了解的司机可能会无意违章。如果车型按客车和货车来划分，虽然车型覆盖全了，但小型载客汽车和其他载客汽车的限速却没有很好区分。美国一些州已经采用了分车型限速的方法以适应客车和重型卡车不同的运行特性，欧洲自 1994 年起就广泛应用这一做法。目前，国外通常按客车和大型货车（重型卡车及拖挂车）划分车型。

基于上述分析，本研究认为分车型车速限制的适用条件如下。

①当某种车型车辆事故情况突出时，需要从限速角度进行单独考虑以减少事故发生。

②双向为六车道及八车道的高速道路更适宜采用分车道与分车型相结合的车速限制方法，双向四车道若车型比例不均衡则难以实现不同车道交通量的平衡分布，可能会带来通行能力下降的问题，因此，不推荐在双向四车道的高速公路上应用分车道与分车型相结合的车速限制方法。

③车型划分应明确，本研究提出按小型车与大型车划分车型。将小型车界定为小型载客汽车和轻型货车，根据第 4 章的分析，客车比例中，小型客车比例到 2020 年将达到 90% 以上，鉴

于大型客车比例较小，不对其单独实施车速限制，而是与小型车采用统一的车速限制标准。

（3）分车型与分车道车速限制建议

根据上述对分车型与分车道车速限制优缺点及适用性的分析，应用第 3 章确定的分车型车速限制基准值、第 4 章关于车道数与车道位置修正系数及第 5 章关于最低车速限制的研究，提出不同车道数高速道路分车型与分车道车速限制方法及标准建议。

1）双向四车道。

实施分车道车速限制，车道功能均为混行车道。提出的双向四车道高速道路车速限制标准建议如表 5.8 所示。

表 5.8　　　　双向四车道高速道路分车型与分车道车速限制标准建议　　　　单位：km/h

设计速度	车型	最高车速限制值		最低车速限制值	
		内侧车道	外侧车道	内侧车道	外侧车道
120	小型车	115	110	100	95
	大型车	85	80	75	70
100	小型车	95	90	85	80
	大型车	75	70	60	55
80	小型车	75	70	70	65
	大型车	55	50	55	45
60	小型车	55	50	50	45
	大型车	40	35	40	30

2）双单向六车道。

实施分车道与分车型车速限制，内侧车道为小型车专用车道，中间 1 条车道为混行车道，外侧车道为大型货车专用车道。提出的双向六车道高速道路车速限制标准建议如表 5.9 所示。

表 5.9　　　　双向六车道高速道路分车型与分车道车速限制标准建议　　　　单位：km/h

设计速度	车型	最高车速限制值			最低车速限制值		
		内侧车道	中间车道	外侧车道	内侧车道	中间车道	外侧车道
120	小型车	120	115	—	100	100	—
	大型车	—	90	90	—	75	75
100	小型车	100	95	—	85	85	—
	大型车	—	80	80	—	60	60
80	小型车	80	75	—	70	70	—
	大型车	—	60	60	—	55	55
60	小型车	60	55	—	50	50	—
	大型车	—	45	45	—	40	40

3）双向八车道。

实施分车道与分车型车速限制，内侧车道为小型车专用车道，中间 2 条车道为混行车道，外侧车道为大型货车专用车道。提出的双向八车道高速道路车速限制标准建议如表 5.10 所示。

表 5.10　　　　双向八车道高速道路分车型与分车道车速限制标准建议　　　单位：km/h

设计速度	车型	最高车速限制值			最低车速限制值		
		内侧车道	中间车道	外侧车道	内侧车道	中间车道	外侧车道
120	小型车	125	120	—	100	100	—
	大型车	—	95	95	—	75	75
100	小型车	105	100	—	85	85	—
	大型车	—	85	85	—	60	60
80	小型车	85	80	—	70	70	—
	大型车	—	65	65	—	55	55
60	小型车	65	60	—	50	50	—
	大型车	—	50	50	—	40	40

上述给出的分车型与分车道车速限制标准建议是针对平直路段给出的，对于曲线段和坡度段应根据第 5 章给出的修正系数进行折减。

5.4.2　车速限制区间

（1）车速限制区间的含义

依据本研究所提出的车速限制方法确定高速道路最高与最低车速限制值时，首先应解决如何合理进行车速限制路段的划分问题。

一方面，在道路线形或路面条件改变的情况下，需要新的车速限制标志及时衔接，否则驾驶人将无法确定在不同路段到底限速多少；另一方面，若频繁改变车速限制值，又会导致驾驶人产生视觉与心理疲劳。因此，车速限制标志的设置需要对应一个合理区段。

本研究给出车速限制区间的概念来解决车速限制标志设置的合理区段问题，其定义为：为实施车速限制而将一整条路或一较长路段划分成若干路段单元，每个路段单元依据各自的道路线形、交通状况及路面条件等因素采取不同的车速限制值。关于车速限制区间的长度问题，国内标准没有规定或说明，美国规定的限速标志设置区间长度的最小值如表 5.11 所示。

表 5.11　　　　　　　　　车速限制区间长度最小值

车速限制/(km/h)	40	60	70	80	90	100	110
最小长度/km	0.4	0.6	0.7	0.8	0.9	2.0	10.0

（2）车速限制区间的划分

运行速度的连续性对行车的安全性和舒适性均具有很大的影响，行驶速度突变尤其是较大的速度落差会使驾驶人措手不及，如果处置不当则将导致交通事故。德国规范中给出了相邻路段运行车速差与事故率的关系，如表 5.12 所示。

表 5.12　　　　　　　　相邻路段运行速度差与事故率的关系

相邻路段速度差/(km/h)	运行速度连续性	事故率情况
$\Delta v_{85} \leqslant 10$	连续性较好	事故率低，基本不存在事故多发点
$10 < \Delta v_{85} \leqslant 20$	连续性一般	事故率有所增加，事故多发点比较少
$\Delta v_{85} > 20$	连续性不好	事故率很高，事故多发点较多

本研究提出车速限制连续性指数的概念作为高速道路车速限制区间的划分指标，其定义为：相邻路段最高车速限制值中的较大值与较小值之比，其计算公式为

$$K_c = \frac{\min(v_{h1}, v_{h2})}{\max(v_{h1}, v_{h2})} \tag{5.12}$$

式中，K_c——车速限制连续性指数；

v_{h1}，v_{h2}——相邻路段的最高车速限制值，km/h。

依据表 5.12 中的数据，以相邻路段运行车速差不大于 10km/h 为车速限制区间的划分原则，计算得出高速道路车速限制连续性指数满足下式的范围要求时，可考虑将两段合并，采用同一车速限制值。

$$K_c \geqslant 0.85 \tag{5.13}$$

根据式（5.13）可计算得到高速道路车速限制区间容忍合并的相邻路段最高车速限制值，如表 5.13 所示。

表 5.13　　　　车速限制区间容忍合并的相邻路段最高车速限制值　　　单位：km/h

车速限制值		车速限制值	
前一路段	后一路段	前一路段	后一路段
125	110	95	85
120	105	90	80
115	100	85	75
110	95	80	70
105	90	75	65
100	85		

（3）车速限制区间之间的建议车速

为保证合并的车速限制区间之间车速限制值的合理性，本研究提出将建议车速作为车速限制的辅助措施。

国外研究表明：建议车速标志对经常过往的熟悉路况的司机更为有效。事实上这一结论反映出一种学习效应，也就是说当驾驶人首次以高于建议速度值的速度通过速度控制路段时，会感到舒适性较差，当驾驶人再次通过时，就会有可能按照建议车速行驶。

目前，国内也在积极探讨和尝试采用建议车速的方法。

设置建议车速的目的是引导司机在潜在危险点根据建议限速标志上标明的车速限制值自行选择安全车速，建议车速通常不具备法律效力，属非强制车速限制。

实施建议车速的明显优势在于：

①体现"以人为本"的理念。能否按照建议车速行驶，取决于驾驶人的主观意愿。如果驾驶人选择按照建议车速行驶，车辆能够安全舒适地通过建议车速路段；如果为了效率而选择高于建议车速的速度行驶，也并不一定带来较为严重的安全问题，但司机和乘客的舒适性会下降。

②如果对潜在危险点采取强制限速方法，将出现限速值频繁变换的现象，使驾驶人难以适应，降低了限速标志的可信度，更为严重的是将导致驾驶人对限速标志采取置之不理的态度，也给执法带来了相当的压力。

第 6 章

高速道路不良天气
条件下的车速限制

不良天气条件下，道路交通事故频发是我国高速道路交通事故的一个重要特征，单位时间内不良天气的事故数是晴天的好几倍甚至几十倍，且多为重大和恶性事故。不良天气包括雾、雨、雪、风、沙尘暴等，本章主要针对雾天、雨天、雪天与安全行驶距离的关系进行高速道路车速限制问题研究。

6.1 不良天气对交通安全的影响机理

6.1.1 雨雪天气对道路交通安全的影响

在路面性能中，抗滑性能是道路交通安全的最重要影响因素。据有关调查发现，在雨季尤其刚下过雨，交通事故明显增长，这主要是由于雨后路面抗滑性能降低，其次是由于司机没有足够重视路面积水，在雨后司机驾车习惯没有改变所致。大量研究表明，随着抗滑系数的降低，事故率明显上升，在英国超过 1/4 的雨后路面事故与路面抗滑性能有关，希腊也有同样的比例。

路面抗滑性能主要取决于路面的宏观构造和微观构造。宏观构造指突出于路表面的混合料之间形成的宏观纹理，为路表水提供通道，使车轮下的路表水迅速排除，以避免出现水膜，使轮胎与路表面接触时保证细纹理构造抗滑能力发挥作用，用构造深度 TD 表示。微观构造指集料表面的粗糙度，随车轮的反复磨耗逐渐被磨光，用石料磨光值 PSV 表征抗磨光性能，是路面最基本的抗滑因素。有关研究表明，低速时微观构造起作用，高速时微观构造和宏观构造同时起作用，尤其在高速和有水时，宏观构造起着很大的作用。

所以保证路面抗滑性能，就要保证路面具有良好的宏观构造和微观构造。道路建成后，宏观和微观构造除了交通荷载的磨耗、磨光、黏土等污染物对构造的填充和堵塞，雨雪天气引起路面潮湿、积水、结冰等对路面的宏观构造和微观构造都有很大影响。英国在研究雨水路面抗滑性能对交通安全的影响后建议：潮湿路面的停车距离应该至少是干燥路面停车距离的 2 倍。

英国研究表明，横向力系数每提高 0.1，雨天事故率就可降低 13%。美国的研究指出，路面抗滑值（车速为 64.36km/h）为 40 时，湿路面事故率为 25%，随着路面抗滑值的降低，湿路面事故率可增加到 60%。我国对抗滑表层的研究表明，修建抗滑表层后可使雨天交通事故减少80%。日本对不同路面条件的路面附着系数进行测定，其附着系数范围如表 6.1 所示，从表中可以看出冰、雪、雨对道路抗滑系数有非常大的影响。

表 6.1　　　　　　　　　　　　　　不同条件路面附着系数

路面条件	附着系数范围
非常光滑的冰膜	0.05～0.15
非常光滑的压实雪	0.10～0.20
冰板、雪下有冰板	0.15～0.20
冰膜	0.15～0.30
积雪下有冰板压实的雪	0.20～0.30
积雪、轻度压实的雪	0.25～0.35
湿润路面、干燥路面	0.45～0.65

交通和运输部公路研究所通过调查得出，当路面抗滑值小于 35 时，交通事故急剧增长。国外有关研究发现，事故率随着宏观构造的增大而减小。以上研究和调查结果均表明，雨、雪、冰对道路路面的抗滑性能具有重要影响，从而影响道路的交通安全。

6.1.2　雾天对道路交通安全的影响

对于行车来说，雾天是影响能见度最恶劣的气象条件之一，能见度有时降到 30～40m 甚至更低，严重影响驾驶人的视线。由于雾对光的散射及吸收作用，目标物轮廓的清晰度下降，驾驶人看不清前方和周围的情况，对交通标志、路面设施和行人识别产生困难，容易造成追尾事故。

同时高速道路路面雾气朦胧，给驾驶人心理造成紧张感。据调查，有 70% 左右的驾驶人在进入雾区时心理过度紧张，85% 左右的驾驶人在雾天开车感到疲劳，87.5% 的驾驶人驾驶姿势会发生变化。因此，一旦有意外，便会惊惶失措而引发交通事故。

此外，由于雾与灰尘混合，轮胎与路面的附着系数减小，特别是冬季时，冰雾会在高速道路路面形成一层薄冰，轮胎与路面的附着系数下降更为明显，从而导致制动距离延长、行驶打滑、制动跑偏等现象发生。

雾天以其能见度的变化影响道路路上车辆的行驶状况。高速行驶的车辆在进入能见度突然变差的雾区时，驾驶人做出的反应一般是迅速减速。这样，减速过慢则会与前方在雾区里已减速或停下的车辆相撞；减速过快时，行驶在后面的驾驶人常会因视线不清，刹车不及时而发生追尾相撞。一旦有两辆车相撞，因雾中能见度低下，后继快速行驶车辆即使能识别到前方目标，但由于车距太近、车速太快，采取刹车已为时过晚，因而发生连环撞车事件。也有的驾驶人在雾区突然识别出前方事故车辆，同时感到刹车距离不够而急打方向盘绕过事故车辆，则可能会撞到公路的护栏，或与另一车道上行驶的车辆相撞。

以上分析表明，雾对高速道路交通安全的影响，不是雾的物质本身，而是雾的光学现象：雾使高速道路路域环境能见度发生变化，造成行驶车辆车速的快速变化，从而导致事故的产生。

6.2　不良天气条件下相关车速限制标准

车速限制是保障高速公路不良天气条件下交通安全的有效手段。车速标准的制定要合理，如果标准太高则不能很好地控制群车追尾等重大事故的发生，车速限制也就失去了意义；如果标准太低则会降低高速公路的通行能力，造成不必要的经济损失。

6.2.1　国外相关车速限制标准

美国是世界上拥有高速公路最多的国家，高速公路密度达到 1km/100km² 以上。美国联邦公路管理局运输处推出了道路天气管理计划，推动了美国各州在各种恶劣天气条件下高速公路通行管理技术的发展和应用，提高了管理水平，并形成了各州高速公路恶劣天气交通通行管理技术特色。

犹他州经过盐湖城约旦河的州际公路路段常因大雾引发交通事故，州交通局在这段长 3km 的路段上设置了四个能见度检测器和六个车速检测点。能见度检测器实时采集能见度数据，车速检测点利用感应线圈记录车辆速度，并通过高频无线通信设备传至监控中心的计算机系统。计算机系统根据能见度确定相应最大建议车速（表 6.2），并根据实际检测到的车速发布预警信息。

表 6.2　　　　　　　　　　　　犹他州低能见度条件下车速限制指标

能见度/m	预警信息
＜60	浓雾，限速 40km/h
60～100	浓雾，限速 50km/h
100 ～150	浓雾，限速 65km/h
150～200	浓雾，限速 80km/h
200～250	薄雾，正常行驶

华盛顿州采用了车速管理系统来保证雾天和冰雪天气的交通安全。系统中的行驶环境传感器可以测量空气温度和湿度、风速、路面温度和湿度等环境信息，监控中心计算机决策支持系统根据这些环境信息制定了相应的控制管理策略，包括行驶车速规定和车辆管理等，详见表 6.3。

表 6.3　　　　　　　　　　　　华盛顿州车速管理规定

天气状况	路面状况	控制策略
小雨或中雨、能见度＞800m	干燥或潮湿	车速＜104.5km/h，无轮胎要求
大雨或雾、能见度＜320m	泥泞或有冰	车速＜88.4km/h，建议使用斜交轮胎
大雨或雪、能见度＞160 m	浅的积水、雪或冰覆盖	车速＜72.4km/h，建议使用斜交轮胎
大雨或大雪、能见度＜160 m	深的积水、积雪或融雪	车速＜76.3km/h，建议使用防滑链

田纳西州低能见度预警系统覆盖了 30.6km 的高速公路，设置了两个环境检测站、八套前向散射能见度检测器和 44 个车辆检测器。该系统的车速限制策略是：能见度为 146.3～402.3m，限速为 80.4～105.4km/h；能见度为 74～146.3m，限速为 56.3km/h；能见度小于 74m 时，关闭道路，进行交通分流绕道行驶。

北卡罗来纳州低能见度提示系统设置在库拍河 11.3km 的跨江道路上。该系统包括一个环境监测站、五套前向散射能见度检测器（布置间隔 152m）、照明设施（间隔 34m）、八个闭路电视摄像头、八个动态信息显示板、一个远程处理器及控制中心和光纤传输系统。该系统的控制策略是：能见度小于 213m 时要求启动照明设施；能见度 137～213m 时，限速 45km/h；能见度 92～137m 时，限速 35km/h；能见度小于 92m 时，限速 25km/h，并可能关闭道路。

6.2.2　国内相关车速限制标准

同济大学结合仿真实验基于停车视距条件和交通标志可视距离条件进行了低能见度下限制车速与车距的研究，得到雾天高速公路车速与车距控制值，如表 6.4 所示。

表 6.4 高速公路雾天车速车距控制值

可视距离 L /m	基于 AASHTO 停车视距模型		基于 NCHRP 停车视距模型	
	控制车速/(km/h)	控制车距/m	控制车速/(km/h)	控制车距/m
L≤25	封闭		封闭	
25<L≤50	15	>20	15	>20
50<L≤100	35	>50	35	>50
100<L≤150	55	>75	60	>75
150<L≤200	75	>100	80	>100
200<L≤250	90	>150	95	>150

注：AASHTO 指美国国家公路与运输工作者协会；NCHRP 指美国国家合作公路研究计划机构。

《中华人民共和国道路交通安全法》实施条例第八十一条规定，机动车在高速公路上行驶，遇有雾、雪、雨、沙尘、冰雹等低能见度气象条件时，应当遵守下列规定。

①能见度小于 200m 时，开启雾灯、近光灯、示廓灯和前后位灯，车速不得超过 60km/h，与同车道前车保持 100m 以上的距离。

②能见度小于 100m 时，开启雾灯、近光灯、示廓灯、前后位灯和危险报警闪光灯，车速不得超过 40km/h，与同车道前车保持 50m 以上的距离。

③能见度小于 50m 时，开启雾灯、近光灯、示廓灯、前后位灯和危险报警闪光灯，车速不得超过 20km/h，并从最近的出口尽快驶离高速公路。

综上，不良天气条件对道路交通安全的影响主要是使路面抗滑性能和道路能见度降低，因此不良天气条件下高速道路车速限制的制定应体现这两方面对安全行车车速的要求。而已有的研究均没有考虑道路附着系数及坡度的影响，《中华人民共和国道路交通安全法》规定的不良天气条件下的车速限制值与国内外相关标准及研究出入较大，车速限制值的确定尚缺少理论根据。

6.3 不良天气条件下车速限制标准建议

6.3.1 基于安全距离的车速限制

高速道路上以某一车速行驶的车辆，当驾驶人发现前方车辆太近或有障碍物而采取制动措施后，车辆滑行一段距离而不至于撞上前方车辆或障碍物，方能保证安全。这段不至于导致撞车事故的距离称为安全距离。车速越大时，车辆制动后滑行的距离越长，要求的安全距离就越大。在不良天气条件下，由于视线不清、路面附着系数降低，安全距离也变长。不良天气条件下安全行车的条件如图 6.1 所示。

如图 6.1 所示，不良天气条件下安全行车的条件为

$$L_{zf}+L_z \leqslant L_n+L_q \tag{6.1}$$

式中，L_{zf}——后方车辆驾驶人在制动反应时间内行驶的距离，m；

L_z——后方车辆在制动时间内行驶的距离，m；

L_n——路段的能见度，m；

L_q——前方车辆在制动反应时间与制动时间内行驶的距离，m。

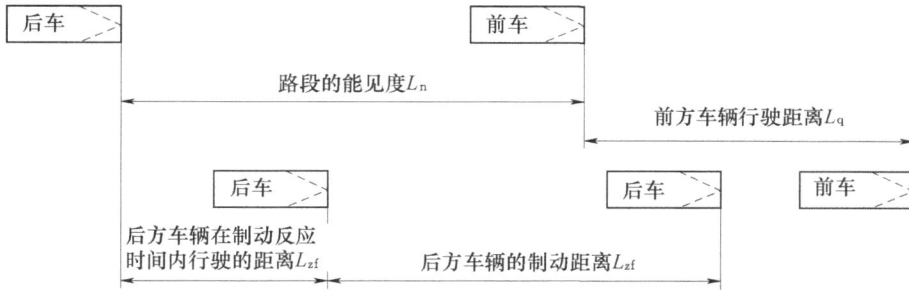

图 6.1　不良天气条件下安全行车条件

（1）L_{zf} 的确定

后方车辆驾驶人在制动反应时间内行驶的距离可按下式计算，即

$$L_{zf} = v_H \cdot t \tag{6.2}$$

式中，v_H——后方车辆行驶速度，km/h；

　　　　t——后方车辆驾驶人的制动反应时间，s。

驾驶人的制动反应时间是指驾驶人接受到某种刺激后脚从加速踏板移向制动踏板后，制动器发生效应的过程所需的时间，最迟驾驶人的制动反应时间为 2s。取最不利情况，即 $t = 2s$，则 $L_{zf} = 0.556\, v_H$。

（2）L_z 的确定

后方车辆驾驶人在制动时间内行驶的距离考虑最不利组合情况，即车辆处于下坡路段并忽略空气阻力，可按下式计算，即

$$L_z = \frac{v_H^2}{254\,(f-i)} \tag{6.3}$$

式中，f——路面附着系数；

　　　　i——道路纵坡。

（3）L_q 的确定

前方车辆的行驶距离按下式计算，即

$$L_q = (t_1 + t_2)\, v_q / 3.6 \tag{6.4}$$

式中，t_2——后车制动时间，s，可按下式计算，即

$$t_2 = \frac{v_H - v_q}{3.6\mathrm{g}\,(f-i)} \tag{6.5}$$

将 $t_1 = 2s$ 及式（6.5）带入式（6.4），得

$$L_q = 0.56 v_q + \frac{v_H v_q - v_q}{127\,(f-i)} \tag{6.6}$$

在确定不良天气条件下的车速限值时，应考虑最不利条件，即前方为已发生事故静止的车辆，此时 $L_q = 0$，将式（6.2）和式（6.3）带入式（6.1），可得

$$0.556 v_H + \frac{v_H^2}{254\,(f-i)} \leqslant L_n \tag{6.7}$$

由式（6.7）可得高速道路不良天气条件下基于安全距离的最高车速限制值计算模型为

$$v_a = \frac{-0.556 + \sqrt{0.309 + 4aL_n}}{2a} \tag{6.8}$$

式中，a——制动减速度，$\mathrm{m/s^2}$，$a=\dfrac{1}{254\ (f-i)}$；

v_a——不良天气条件下的最高车速限制，$\mathrm{km/h}$。

6.3.2　雾天车速限制标准建议

根据上述建立的高速道路不良天气条件下的最高车速限制值计算模型，通过对能见度及道路纵坡取不同数值，可以建立高速道路雾天的最高车速限制建议标准。

雾天天气时，由于雾水落于路面，路面潮湿，附着系数降低，取潮湿路面的附着系数 $f=0.4$（高压轮胎），根据式（6.8）计算得到雾天对应不同能见度及坡度的最大安全车速，如表 6.5 所示。

表 6.5	高速道路雾天最大安全车速					
能见度/m	最大安全车速/(km/h)					
	$i=1\%$	$i=2\%$	$i=3\%$	$i=4\%$	$i=5\%$	$i=6\%$
200	116	115	113	112	111	110
150	97	96	95	94	93	92
100	76	75	74	74	73	72
50	48	48	47	47	46	46
25	29	29	29	29	29	28

对表 6.5 中的最大安全车速取整修正后，可得到雾天对应不同能见度及坡度的高速道路车速限制标准如表 6.6 所示。

表 6.6	高速道路雾天车速限制标准建议			
能见度/m	车速限制建议值/(km/h)			
	$i\leqslant 2\%$	$2\%<i\leqslant 3\%$	$3\%<i\leqslant 4\%$	$4\%<i\leqslant 6\%$
$L_n\geqslant 200$	正常行驶			
$150\leqslant L_n<200$	95	95	90	90
$100\leqslant L_n<150$	75	70	70	70
$50\leqslant L_n<100$	45	45	45	45
$25\leqslant L_n<50$	25	25	25	25
$L_n<25$	封闭道路			

6.3.3　雨天车速限制标准建议

雨天天气时，路面潮湿，附着系数降低，取潮湿路面的附着系数 $f=0.35$，根据式（6.8）计算得到雨天对应不同能见度及坡度的最大安全车速，如表 6.7 所示。

表 6.7 高速道路雨天最大安全车速

能见度/m	最大安全车速/(km/h)					
	$i=1\%$	$i=2\%$	$i=3\%$	$i=4\%$	$i=5\%$	$i=6\%$
200	110	108	107	105	104	103
150	92	91	90	89	88	87
100	72	71	70	70	69	68
50	46	46	45	45	44	44
25	28	28	28	28	27	27

对表 6.7 中的最大安全车速取整修正后,可得到雨天对应不同能见度及坡度的高速道路车速限制标准,如表 6.8 所示。

表 6.8 高速道路雨天车速限制标准建议

能见度 /m	车速限制建议值/(km/h)		
	$i\leqslant3\%$	$3\%<i\leqslant4\%$	$4\%<i\leqslant6\%$
$L_{n}\geqslant200$	正常行驶		
$150\leqslant L_{n}<200$	90	85	85
$100\leqslant L_{n}<150$	70	70	65
$50\leqslant L_{n}<100$	45	45	40
$25\leqslant L_{n}<50$	25	25	25
$L_{n}<25$	封闭道路		

6.3.4　雪天车速限制标准建议

根据建立的不良天气条件下的最高车速限制值计算模型,对能见度、附着系数及道路纵坡取不同数值,得到高速道路雪天最大安全车速,如表 6.9 所示。

表 6.9 高速道路雪天最大安全车速

能见度/m	路面条件	附着系数	最大安全车速/(km/h)					
			$i=1\%$	$i=2\%$	$i=3\%$	$i=4\%$	$i=5\%$	$i=6\%$
400	松软积雪	0.20	126	123	120	117	113	110
	压实积雪	0.15	110	106	102	98	94	89
	结冰路面	0.10	89	85	80	74	68	61
200	松软积雪	0.20	86	84	82	80	77	75
	压实积雪	0.15	75	73	70	67	65	62
	结冰路面	0.10	58	55	51	47	43	38
150	松软积雪	0.20	73	71	69	68	66	64
	压实积雪	0.15	64	62	60	57	55	53
	结冰路面	0.10	53	50	47	44	40	36

能见度/ m	路面条件	附着系数	最大安全车速/(km/h)					
			$i=1\%$	$i=2\%$	$i=3\%$	$i=4\%$	$i=5\%$	$i=6\%$
100	松软积雪	0.20	57	56	55	53	52	51
	压实积雪	0.15	51	49	47	46	44	42
	结冰路面	0.10	42	40	38	35	32	29
50	松软积雪	0.20	38	37	36	35	34	33
	压实积雪	0.15	33	32	31	30	29	28
	结冰路面	0.10	28	27	25	24	22	20
25	松软积雪	0.20	24	23	23	23	22	22
	压实积雪	0.15	22	21	20	20	19	18
	结冰路面	0.10	18	18	17	16	15	13

对表 6.9 中的最大安全车速取整修正后可得到雪天对应不同能见度、附着系数及坡度的高速道路车速限制标准，如表 6.10 所示。

表 6.10　　　　　　　　　　高速道路雪天车速限制标准建议

能见度/ m	路面条件	附着 系数	车速限制建议值/(km/h)					
			$i\leqslant1\%$	$1\%<i\leqslant2\%$	$2\%<i\leqslant3\%$	$3\%<i\leqslant4\%$	$4\%<i\leqslant5\%$	$5\%<i\leqslant6\%$
$L_n>400$	松软积雪	0.20	正常行驶					
	压实积雪	0.15	正常行驶			95	90	85
	结冰路面	0.10	85	85	80	70	65	60
$200\leqslant L_n<400$	松软积雪	0.20	85	80	80	80	75	75
	压实积雪	0.15	75	70	70	65	65	60
	结冰路面	0.10	55	55	50	45	40	35
$150\leqslant L_n<200$	松软积雪	0.20	70	70	65	65	65	60
	压实积雪	0.15	60	60	60	55	55	50
	结冰路面	0.10	50	50	45	40	40	35
$100\leqslant L_n<150$	松软积雪	0.20	55	55	55	50	50	50
	压实积雪	0.15	50	45	45	45	40	40
	结冰路面	0.10	40	40	35	35	30	25
$50\leqslant L_n<150$	松软积雪	0.20	35	35	35	35	30	30
	压实积雪	0.15	30	30	30	30	25	25
	结冰路面	0.10	25	25	25	20	20	20
$25\leqslant L_n<50$	松软积雪	0.20	20	20	20	20	20	20
	压实积雪	0.15	20	20	20	20	封闭道路	
	结冰路面	0.10	封闭道路					

第 7 章

高速公路驾驶人昼夜识别距离特征

高速公路夜间车速限制应是在夜间环境下驾驶人针对不同的公路线形条件所采用的合理运行速度。本章采取实地试验的方法进行驾驶人昼夜识别距离试验，对比分析驾驶人昼夜识别距离的变化及其与速度、平曲线半径、纵坡坡度的关系，揭示驾驶人昼夜识别距离的变化规律，建立驾驶人昼夜识别距离与速度、平曲线半径、纵坡坡度的关系模型，从而为研究高速公路夜间最高车速限制提供理论依据。

7.1　驾驶人识别距离试验方案

7.1.1　试验指标与试验路段选取

（1）试验指标选取

夜间由于暗环境的存在，驾驶人视觉受限，对前方状况识别产生困难，逐渐靠近且距离达到一定值时才能够判断前方状况，采取紧急减速或者制动措施。如果行驶的速度过高，即使采取措施，由于识别距离小于反应制动距离，易引起车辆追尾事故，因此，夜间高速公路上驾驶人的识别距离是影响车辆安全行驶的关键因素。

视认距离是指驾驶人在某一地点能够看到前方标志或障碍物时，该地点与标志或障碍物的距离；识别距离是指驾驶人在某一地点能够看清楚前方标志或障碍物时，该地点与标志或障碍物的距离。视认距离和识别距离的区别在于，视认距离仅仅是"看见"，识别距离是"看清楚"。在高速公路行驶过程中，驾驶人遇到标志或障碍物采取的措施，都是建立在识别距离的基础之上，因此，研究高速公路夜间限速问题，选取识别距离的意义更为贴切和合理。

（2）试验路段选取

选取长春至松原高速公路（以下简称"长松高速"）为研究对象，进行夜间高速公路限速研究。长松高速位于吉林省境内，2006 年 5 月开工，2010 年 11 月通车，全长 140km，设计速度 100km/h。《公路工程技术标准》（JTG B01－2014）对高速公路不同设计速度下的平曲线半径和纵坡规定分别见表 7.1 和表 7.2。

表 7.1　　　　　　　　　　　　高速公路圆曲线最小半径规定

设计速度/(km/h)		120	100	80
圆曲线最小半径/m	极限值	650	400	250
	一般值	1000	700	400
不设超高圆曲线最小半径/m	路拱≤2%	5500	4000	2500
	路拱>2%	7500	5250	3350

表 7.2　　　　　　　　　　　　　高速公路最大纵坡规定

设计速度/(km/h)	120	100	80
最大纵坡/%	3	4	5

注：设计速度为 120km/h、100km/h、80km/h 的高速公路受地形条件或其他特殊情况限制时，经技术经济论证最大纵坡值可增加 1%。

长松高速公路的设计速度为 100km/h，为了研究平曲组合线形下的高速公路夜间限速值，根据《公路工程技术标准》（JTG B01－2014）对设计速度为 100km/h 的高速公路平曲线半径和纵坡的规定，选取圆曲线一般最小半径 700m、不设超高圆曲线最小半径 4000m，圆曲线的最大半径 10 000m，以及最大纵坡值的一半 2%，作为分界值，如表 7.3 所示。

表 7.3　　　　　　　　　　　　　长松高速公路试验路段分类标准

纵坡值/%　　　半径/m	R≤700	700<R≤4000	4000<R≤10000	R>10000
0≤i≤2	小半径曲线	中等半径曲线	大半径曲线	平直
i>2	小半径弯坡	中等半径弯坡	大半径弯坡	直坡

对获取的长松高速公路 22km 路段的平纵线形数据进行分析与划分，保证选取的路段内至少存在一块标志，符合要求的试验路段与相应标志的桩号见表 7.4。

表 7.4　　　　　　　　　　　　满足试验要求的路段及相应标志位置

编号	桩号	长春至松原方向	松原至长春方向
1	K585+200～K585+430	K584+825	—
2	K585+430～K586+200	K585+825	—
3	K586+200～K586+737	K586+325	—
4	K586+737～K587+350	K586+825、K587+095、K587+220	K587+305
5	K587+350～K587+950	K587+520、K587+721	K587+805
6	K587+950～K588+750	K588+316	K588+400、K588+530
7	K588+750～K589+350	K589+300	K589+200、K589+328
8	K589+350～K590+615	K589+580、K589+680、K590+100、K590+500	K589+433、K589+545、K589+745、K590+045、K590+545
9	K590+615～K590+850	K590+871	K590+671
10	K590+850～K591+450	K590+900	—
11	K591+450～K592+017	—	K591+545
12	K592+400～K593+604	—	K592+545
13	K593+800～K594+350	—	K594+310
14	K595+900～K596+475	K596+000、K596+100	K596+000
15	K600+500～K600+750	K600+600	—
16	K600+982～K601+350	K600+993	K600+993、K601+200
17	K601+350～K601+750	K601+720	K601+720
18	K603+750～K603+958	K603+755	K603+755

7.1.2　试验思路与试验步骤

双车道公路附加车道的经济成本主要包括建设成本和营运成本，运营成本主要为养护成本，不同等级与地形区的双车道公路其建设成本和运营成本不同。

（1）试验思路

高速公路目前没有照明系统，夜间行车利用车灯和视线诱导标志标线对行车进行诱导，整体来讲，夜间车辆的运行环境与白天相比有所下降，夜间驾驶人的视力受环境影响而降低，视认距离和识别距离发生变化，这关系夜间高速公路限速值的确定。通常状况下，驾驶人在行驶过程中，看到前方有障碍物，就会选择降低车速乃至停车，在这里驾驶人反应时间内行驶的距离和制动距离之和必须小于驾驶人的识别距离，这样才能保障行车安全。对于驾驶人夜间识别距离，通过试验来予以量化研究。为研究反应时间内行驶距离、制动距离与识别距离之间的关系，进而获得夜间高速公路理论限速值提供理论依据，同时进行白天识别距离的试验作为参照。

1）试验人员。

为了最大程度反映驾驶人特性，选取中等驾驶经验（驾龄均在 3 年以上 10 年以下）的中青年男性驾驶人；为了保障试验的准确性和科学性，驾驶人身体健康，试验前有充足休息，试验前 24 小时内没有饮酒、吸烟或服用刺激神经类药物或饮料。

为 1 名驾驶人配备 1 名随车记录员，随时记录数据，为了避免对驾驶人产生影响，记录员关闭手机，少与驾驶人交谈或者不交谈，尽量保持试验车内安静。

2）试验设备。

试验车辆选用尼桑轿车，试验前检查车辆各零部件运行良好，保障油量充足。采用秒表记录驾驶人辨识出标志的时刻、到达标志时刻，用照相机拍摄行车过程中的一些路段，比如起终点、里程桩点，这些数据可在处理数据的过程中可以用于核对秒表记录的时间数据。

3）试验时间。

选取晴朗无风天气，避开雨雪天气和雨雪之后的天气。为了增强试验对比性，进行白天参照试验，白天选取时间段为上午 9：00—11：30。夜间试验具有一定的危险性，故选取夜间车辆相对较少的时间段 21：00—23：00。

（2）试验步骤

根据试验要求，设计的试验步骤如下。

①如图 7.1 所示，对选定的起点 A、终点 B、距离为 L 的路段进行试验，驾驶人在到达 A 点之前已加速行驶达到速度 v。

②行驶到某一地点，驾驶人看清楚标志并迅速报出标志内容，位于副驾驶的记录员记下此时速度 v，并记下时刻 t_1。

③车辆以此速度匀速向前行驶，当到达标志时，驾驶人记下该时刻，用 t_2 表示。

④由此计算出驾驶人识别距离 $S = v \times (t_2 - t_1)$。

⑤在白天和夜间分别对选定路段，以 70km/h 为起始，10km/h 为步长递增至 120km/h，重复步骤 1）～4）。

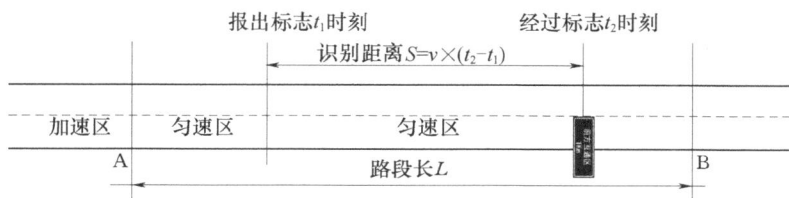

图 7.1　驾驶人识别距离试验示意

（3）试验数据

采用上述试验方法与步骤获取的高速公路驾驶人昼夜识别距离试验时间数据 $t_2 - t_1$，如

表 7.5 和表 7.6 所示。

表 7.5 　　　　　　　　白天驾驶人识别距离试验时间数据　　　　　　　单位：s

序号	桩号	70km/h	90km/h	110km/h	序号	桩号	80km/h	100km/h	120km/h
1	K584+825	13.59	14.13	15.22	1	K603+755	10.55	11.30	—
2	K585+825	13.52	16.84	16.22	2	K601+720	12.66	13.28	14.20
3	K586+325	12.47	11.81	13.11	3	K601+200	17.9	13.96	10.53
4	K586+825	13.75	16.40	9.19	4	K600+993	14.32	15.11	16.20
5	K587+095	15.45	16.24	17.15	5	K596+000	11.57	13.09	7.16
6	K587+220	16.12	16.55	17.06	6	K594+310	—	—	—
7	K587+520	16.31	15.39	17.28	7	K592+545	16.82	12.25	9.34
8	K587+721	16.25	15.52	24.66	8	K591+545	16.81	12.94	9.44
9	K588+316	10.56	7.78	8.28	9	K590+871	6.4	4.09	3.75
10	K589+300	9.31	9.56	6.49	10	K590+545	15.15	10.44	10.38
11	K589+580	12.41	8.62	8.8	11	K590+045	17.21	11.72	8.00
12	K589+680	12.56	5.87	9.56	12	K589+745	11.02	9.15	7.31
13	K590+100	12.85	10.37	10.37	13	K589+545	20.08	9.88	—
14	K590+500	21.06	12.88	9.18	14	K589+433	19.62	9.88	7.78
15	K590+871	16.21	17.33	20.22	15	K589+328	16.75	9.88	10.20
16	K590+900	21.13	14.1	11.35	16	K589+200	11.25	9.88	11.05
17	K594+310	9.09	6.90	7.70	17	K588+530	11.8	7.23	6.06
18	K596+100	9.59	9.97	9.03	18	K588+400	18.08	12.73	8.69
19	K600+600	21.59	14.88	9.47	19	K587+805	14.66	10.72	9.34
20	K600+993	18.13	19.22	20.13	20	K587+305	16.53	12.69	8.91
21	K601+720	14.26	15.22	15.93					
22	K603+755	—	—	—					

表 7.6 　　　　　　　　夜间驾驶人识别距离试验时间数据　　　　　　　单位：s

序号	桩号	70km/h	90km/h	110km/h	序号	桩号	80km/h	100km/h	120km/h
1	K584+825	10.59	11.97	12.03	1	K603+755	12.62	13.18	14.06
2	K585+825	17.28	7.57	12.45	2	K601+720	—	15.26	14.93
3	K586+325	8.21	9.72	7.43	3	K601+200	12.13	11.87	9.31
4	K586+825	14.89	12.63	7.46	4	K600+993	11.04	—	—
5	K587+095	15.15	10.44	10.38	5	K596+000	7.97	9.31	5.38
6	K587+220	—	11.46	—	6	K594+310	—	12.20	
7	K587+520	9.27	—	11.22	7	K592+545	13.96	11.09	6.96
8	K587+721	9.55	10.37	10.69	8	K591+545	14.47	12.66	8.13
9	K588+316	10.68	7.69	6.03	9	K590+871	6.10	7.12	8.24

续表

序号	桩号	70km/h	90km/h	110km/h	序号	桩号	80km/h	100km/h	120km/h
10	K589+300	10.34	6.00	4.06	10	K590+545	10.66	8.88	9.12
11	K589+580	12.38	7.40	8.72	11	K590+045	—	6.28	—
12	K589+680	12.41	12.56	12.85	12	K589+745	8.56	8.66	8.92
13	K590+100	6.8	8.40	6.72	13	K589+545	7.96	10.59	5.59
14	K590+500	12.22	12.37	8.4	14	K589+433	6.05	5.38	4.06
15	K590+871	—	—	—	15	K589+328	5.44	5.81	6.19
16	K590+900	12.66	12.38	13.11	16	K589+200	8.06	8.69	9.01
17	K594+310	7.22	3.47	4.55	17	K588+530	6.17	6.29	7.21
18	K596+100	12.5	3.66	5.87	18	K588+400	11.22	12.00	12.55
19	K600+600	14.47	11.94	10.19	19	K587+805	11.37	9.68	12.19
20	K600+993	—	19.22	20.13	20	K587+305	11.81	9.47	11.35
21	K601+720	15.13	18.22	—					
22	K603+755	14.26	15.01	15.93					

7.2 驾驶人昼夜识别距离对比

7.2.1 识别距离极限值对比

根据试验得到的数据，可计算整理出驾驶人昼夜在不同车速与线形条件下的识别距离数据。值得指出的是，部分路段内多于 1 块标志，甚至达到 6 块，为了消除标志大小、颜色、种类对识别距离的影响，在数据分析时选取数量最多、最全的指路标志进行识别距离分析。

驾驶人昼夜在不同速度与线形条件下的识别距离数据分别见表 7.7 和表 7.8。

表 7.7　　　　　　　　白天不同速度不同线形下的识别距离　　　　　　　　单位：m

线形 ＼ 车速/(km/h)	70	80	90	100	110	120
小半径曲线	378	341	321	305	299	295
中半径弯坡	361	334	318	313	279	289
中半径曲线	470	427	372	359	331	324
大半径弯坡	403	382	359	330	321	312
大半径曲线	496	432	415	371	330	327
直坡	417	391	356	327	313	303
平直	455	423	409	350	345	323

表 7.8 夜间不同速度不同线形下的识别距离 单位：m

线形 \ 车速/(km/h)	70	80	90	100	110	120
小半径曲线	291	282	280	269	263	258
中半径弯坡	313	302	291	276	269	270
中半径曲线	327	321	318	279	261	261
大半径弯坡	361	358	338	305	301	286
大半径曲线	358	349	331	313	286	284
直坡	446	433	418	366	331	303
平直	462	450	423	373	356	319

驾驶人昼夜在不同速度与线形条件下的识别距离对比如表 7.9、图 7.2 和图 7.3 所示，驾驶人昼夜识别距离的直观特征表现如下。

表 7.9 驾驶人昼夜识别距离极限值比较

环境	最大值			最小值		
	线形	车速/(km/h)	识别距离/m	线形	车速/(km/h)	识别距离/m
白天	大半径曲线	70	496	中等半径弯坡	110	279
夜间	平直	70	462	小半径曲线	120	258

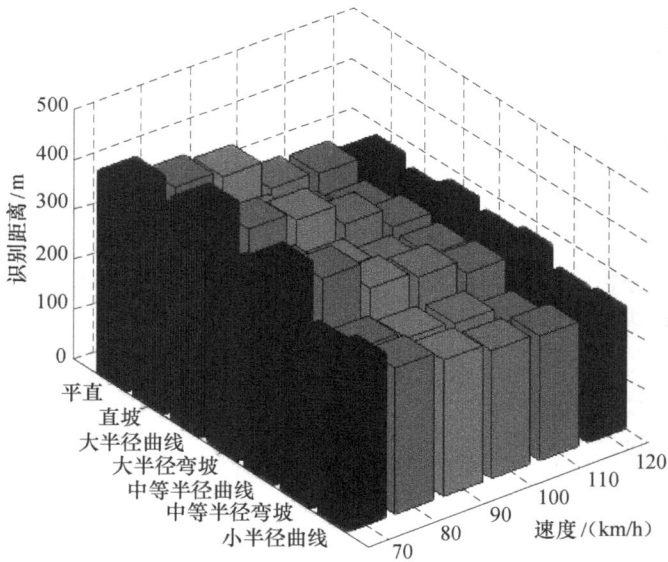

图 7.2 驾驶人白天识别距离

①从极限值的大小来看，白天识别距离的最大值为 496m，夜间为 462m，与白天相比，夜间最大值下降了 6.9%；白天识别距离的最小值为 279m，夜间为 258m，与白天相比，夜间最小值下降了 7.5%。

②从极限值出现的车速来看，白天和夜间识别距离的最大值均出现在低速 70km/h 的状态

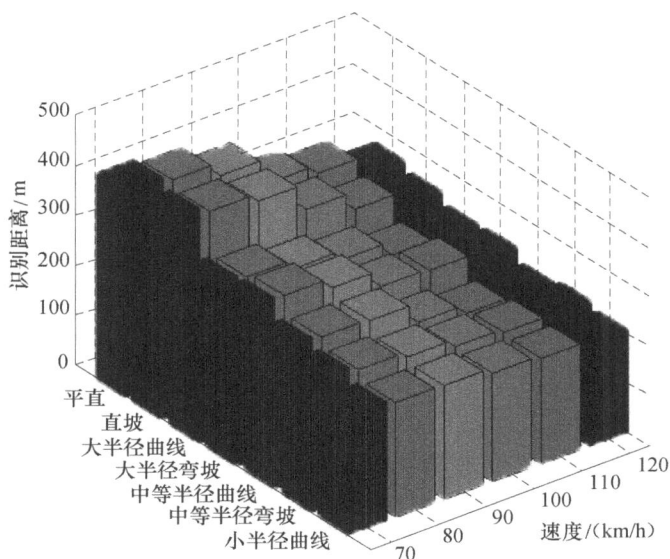

图 7.3　夜间驾驶人识别距离

下；白天识别距离的最小值出现在 110km/h，而夜间最小值出现在 120km/h；不管白天还是夜间，整体趋势是速度越低，驾驶人识别距离越大，速度越高，驾驶人识别距离越小，这和现有研究认为驾驶人视觉具有动视力的特性相吻合。

③从极限值出现的线形来看，白天识别距离的最大值出现在大半径曲线，而夜间出现在平直线形条件下；白天识别距离最小值出现在中等半径弯坡，而夜间出现在小半径曲线上，说明线形对驾驶人昼夜的识别距离产生了显著影响。

7.2.2　识别距离整体对比

为了进一步研究驾驶人昼夜识别距离，以白天识别距离为基准，用"＋"表示驾驶人夜间识别距离大于白天，"－"表示驾驶人夜间识别距离小于白天，具体变化见表 7.10。

表 7.10　　　　　　　　　　　**白天和夜间识别距离变化百分比**　　　　　　　单位:%

线形 ＼ 速度/(km/h)	70	80	90	100	110	120	平均值
小半径曲线	−23.0	−17.3	−12.8	−11.8	−12.0	−12.5	−14.9
中半径弯坡	−13.3	−9.6	−8.5	−11.8	−3.6	−6.6	−8.9
中半径曲线	−30.4	−24.8	−14.5	−22.3	−21.1	−19.4	−22.1
大半径弯坡	−10.4	−6.3	−5.8	−7.6	−6.2	−8.3	−7.4
大半径曲线	−27.8	−19.2	−20.2	−15.6	−13.3	−13.1	−18.2
直坡	7.0	10.7	17.4	11.9	5.8	0.0	8.8
平直	1.5	6.4	3.4	6.6	3.2	−1.2	3.3
平均	−13.8	−8.6	−5.9	−7.2	−6.8	−8.8	−8.5

由表 7.10 可以看出:

①大部分识别距离出现了下降，整体下降了 8.5％，下降的最大值为 30.4％；小部分识别距离出现了上升，上升的最大值为 17.4％；由此可以看出，夜间驾驶人的识别距离与白天相比，整体下降，但并非全部下降。

②不同车速下的识别距离均下降，在低速 70km/h 时识别距离下降了 13.8％；随着速度的增加，识别距离下降的比例减小，90km/h 时识别距离夜间比白天下降了 5.9％；随着速度的继续增加，识别距离下降的比例又增大，120km/h 时识别距离夜间比白天下降了 8.8％。由此可以看出，夜间不同速度下，识别距离的变化表现为单一的下降，有规律可循。

③平直和直坡的识别距离上升，并且直坡的上升比例达到了 8.8％，曲线线形的识别距离全部下降，同等半径的曲线，纵坡值小的下降比例大，下降的最大比例为中等半径曲线 22.1％。由此可以看出，曲线在白天表现出优势，直线在夜间表现出优势，与白天相比，纵坡小的识别距离下降大于纵坡大的线形。

对比驾驶人昼夜的识别距离可以发现，不管是平曲线半径还是纵坡值都会对驾驶人的识别距离产生影响，并且呈现为不同的趋势，故需要将线形分成平曲线半径和纵坡值两个影响因素进行分析。

7.3　驾驶人昼夜识别距离变化规律

本节研究驾驶人的识别距离在速度、平曲线半径、纵坡三个因素影响下的变化规律。为了消除标志类型、大小、颜色、内容产生的差别，选取指路标志作为研究对象，选取的路段和相应的标志位置见表 7.11。

驾驶人昼夜识别距离见表 7.12 和表 7.13。

表 7.11　　选取路段及相应路段内标志位置

路段编号	起终点桩号	半径/m	纵坡/%	长度/m	标志位置
1	K583+500～K583+940	1000	2.500	440	K583+325
2	K585+200～K585+430	700	−0.674	230	K584+825
3	K585+430～K586+200	2500	−0.674	770	K585+825
4	K586+200～K586+737	2500	0.830	537	K586+325
5	K586+737～K587+350	9500	0.830	613	K587+220
6	K587+350～K587+950	9500	2.500	600	K587+721
7	K587+950～K588+750	9500	−2.00	800	K588+316
8	K588+750～K589+350	9500	−0.300	600	K589+328
9	K589+350～K590+615	9500	0.000	1265	K590+045
10	K590+615～K590+850	5000	0.000	235	K590+671
11	K590+850～K591+450	5000	−1.450	600	K590+900
12	K591+450～K592+017	5000	−0.400	567	K591+545
13	K592+400～K593+604	3000	0.350	1204	K592+545
14	K595+900～K596+475	2600	1.800	575	K596+000
15	K600+500～K600+750	+∞	1.300	250	K600+600
16	K600+982～K601+350	3500	−0.200	368	K601+200

表 7.12　　　　　　　　　　　三个变量下的白天驾驶人识别距离

路段编号	半径/m	纵坡/%	速度/(km/h)					
			70	80	90	100	110	120
1	1000	2.500	272	270	267	261	259	250
2	700	−0.674	305	294	283	272	266	262
3	2500	−0.674	327	321	318	279	261	261
4	2500	0.830	313	302	291	276	269	270
5	9500	0.830	455	423	409	350	345	323
6	9500	2.500	361	334	318	313	279	289
7	9500	−2.000	417	391	356	327	313	303
8	9500	−0.300	470	427	372	359	331	324
9	9500	0.000	496	432	415	371	330	327
10	5000	0.000	446	433	418	366	331	303
11	5000	−1.450	358	349	331	313	286	284
12	5000	−0.400	403	382	359	330	321	312
13	3000	0.350	361	358	338	305	301	286
14	2600	1.800	291	282	280	269	263	258
15	+∞	1.300	462	450	423	373	356	319
16	3500	−0.200	378	341	321	305	299	295

表 7.13　　　　　　　　　　　三个变量下的夜间驾驶人识别距离

路段编号	半径/m	纵坡/%	速度/(km/h)					
			70	80	90	100	110	120
1	1000	2.500	212	207	202	188	179	160
2	700	−0.674	224	217	209	199	188	179
3	2500	−0.674	280	276	266	253	242	233
4	2500	0.830	275	268	259	247	243	230
5	9500	0.830	363	354	340	323	314	301
6	9500	2.500	337	326	315	302	292	283
7	9500	−2.000	354	343	330	316	301	292
8	9500	−0.300	406	394	382	370	353	337
9	9500	0.000	434	423	407	396	383	365
10	5000	0.000	388	377	362	347	337	321
11	5000	−1.450	299	295	291	269	261	250
12	5000	−0.400	343	333	323	305	292	283
13	3000	0.350	314	303	294	283	273	263
14	2600	1.800	261	254	250	233	224	217
15	+∞	1.300	385	378	357	345	324	322
16	3500	−0.200	338	331	319	304	291	280

7.3.1 白天识别距离变化规律

（1）识别距离与速度的关系

对试验采集的 96 个驾驶人白天识别距离数据进行分析，得到白天驾驶人识别距离与速度关系如图 7.4 所示。

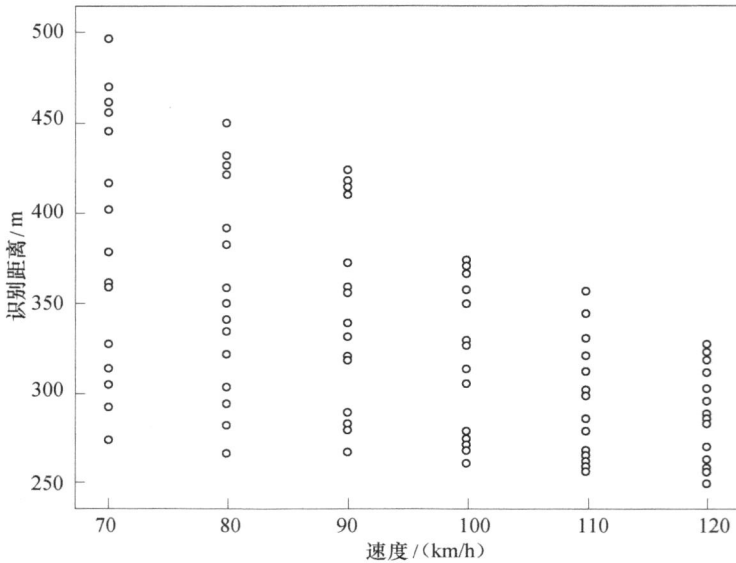

图 7.4 驾驶人白天识别距离与速度的关系

驾驶人白天的识别距离与速度的关系呈现如下特征。

1）从图 7.4 可以看出，随着速度的增大，驾驶人的识别距离整体呈现下降趋势，识别距离由分散走向集中，说明高速行驶时驾驶人识别距离受速度的影响显著。

2）结合表 7.12 可以看出，随着速度的逐渐增大，识别距离逐渐下降，下降速度先快后慢，大半径曲线最明显，小半径曲线识别距离随速度变化趋势最缓。

这是因为，白天人眼的可视范围广阔，大半径曲线和中半径曲线避免了直线的单调，在低速行驶时，识别距离表现出优势，随着速度的增大，受动视力的影响识别距离降低，多数线形在高速行驶下表现出一致的、较差的识别距离水平。

（2）识别距离与平曲线半径的关系

对试验采集的 96 个驾驶人白天识别距离数据进行分析，得到白天驾驶人识别距离与平曲线半径关系散点图，如图 7.5 所示。

从图 7.5 可以看出，随着平曲线半径的增大，驾驶人的识别距离呈现出整体上升的趋势，并且识别距离由集中走向分散，说明平曲线半径较小时，驾驶人的识别距离受平曲线半径的影响显著，平曲线半径较大时，驾驶人识别距离受其他因素的影响更为显著。

结合表 7.12 可以看出，随着平曲线半径的逐渐增大，识别距离逐渐上升，上升速度受行驶速度的影响，行驶速度低的时候上升趋势最明显，随着速度的增大，这种趋势逐渐减缓，120km/h 时识别距离随半径的变化几乎呈轻微的线性上升。这是因为平曲线具有两面性的效果，与直线相比，大半径的曲线让驾驶人避免了直线的单调乏味，显示出优势，当平曲线半径较小

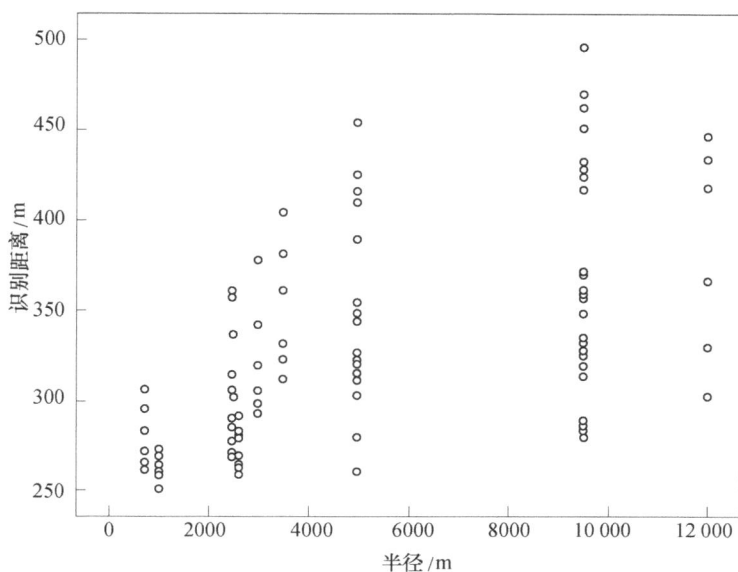

图 7.5　驾驶人白天识别距离与平曲线半径关系

的时候，由于曲率变化较大，驾驶人的视觉受到限制，表现出不利的一面。在道路设计中应尽量多选取大半径曲线，避免小半径曲线。从选取的试验路段数量可以看出大半径曲线的数量远远多于小半径曲线。

（3）识别距离与纵坡值的关系

对试验采集的 96 个驾驶人白天识别距离数据进行分析，得到白天驾驶人识别距离与纵坡值关系的散点图，如图 7.6 所示。

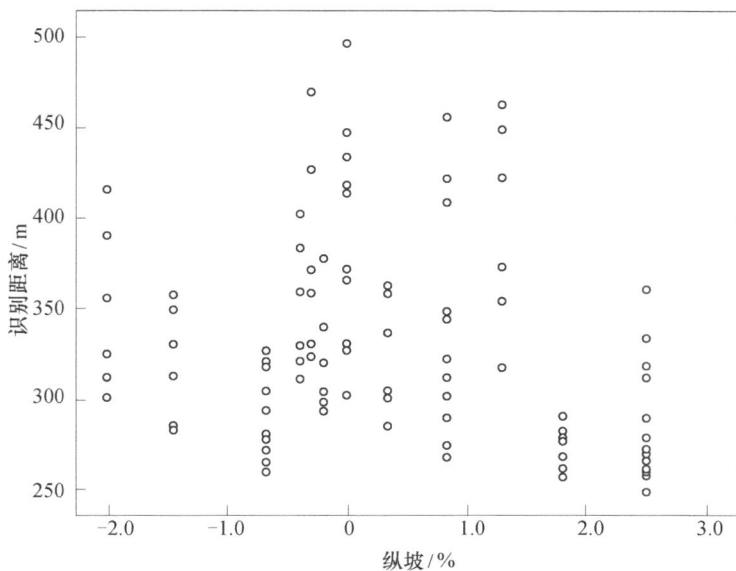

图 7.6　驾驶人白天识别距离与纵坡值的关系

白天驾驶人的识别距离与纵坡值呈现如下特征。

1）从图 7.6 可以看出，不管纵坡值为负还是为正，随着纵坡绝对值的增大，驾驶人的识别距离整体呈现逐渐减小的趋势，并且识别距离的分散程度相对稳定，说明纵坡值不管在较小时还是较大时，都会对识别距离产生稳定的影响。

2）结合表 7.12 可以看出，对于同等半径水平的线形，纵坡值大于 2％ 的识别距离小于纵坡值小于 2％ 的线形，这是由于白天光线充足，视野好，人眼受纵坡的影响能够及时表现出来。

7.3.2 夜间识别距离变化规律

（1）识别距离与速度的关系

对试验采集的 96 个驾驶人夜间识别距离数据进行分析，得到驾驶人夜间识别距离与速度的关系，如图 7.7 所示。

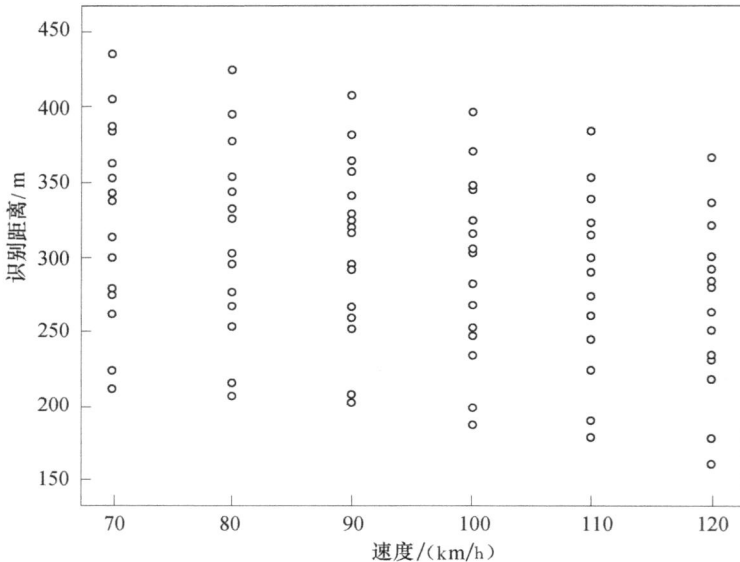

图 7.7　驾驶人夜间识别距离与速度的关系

夜间驾驶人的识别距离与速度的关系呈现如下特征。

1）从图 7.7 可以看出，与白天相同，随着速度的增大，驾驶人的识别距离呈现出整体下降的趋势，并且识别距离由分散走向集中，但变化不如白天显著。

2）结合表 7.13 可以看出，对夜间而言，随着速度的逐渐增大识别距离下降的速度先慢后快，除了平直和直坡线形外，随着平曲线半径由大到小的变化，驾驶人的识别距离下降逐渐减缓。

（2）识别距离与平曲线半径的关系

对试验采集的 96 个驾驶人夜间识别距离数据进行分析，相应的散点图见图 7.8。

夜间驾驶人的识别距离与平曲线半径的关系呈现如下特征。

1）从图 7.8 可以看出，与白天相同，随着平曲线半径的增大，夜间驾驶人的识别距离呈现出整体上升的趋势，并且识别距离由集中走向分散。

2）结合表 7.13 可以看出，随着平曲线半径的逐渐增大，识别距离逐渐上升，从大半径曲

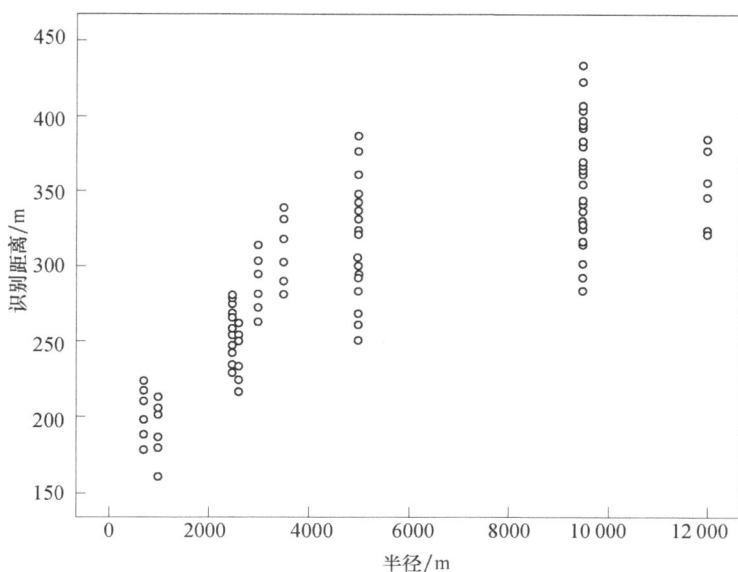

图 7.8　驾驶人夜间识别距离与平曲线半径的关系

线到直线变化时出现了跳跃，显示出直线的优越性。

夜间可视范围局限于车灯直射范围内，在直线上表现出优势，使得识别距离超越了白天，直坡甚至表现出比直线更具优势的识别距离。

（3）识别距离与纵坡值的关系

对试验采集的 96 个驾驶人夜间识别距离数据进行分析，得到夜间驾驶人识别距离与纵坡值关系的散点图，如图 7.9 所示。驾驶人夜间的识别距离与纵坡值呈现如下特征。

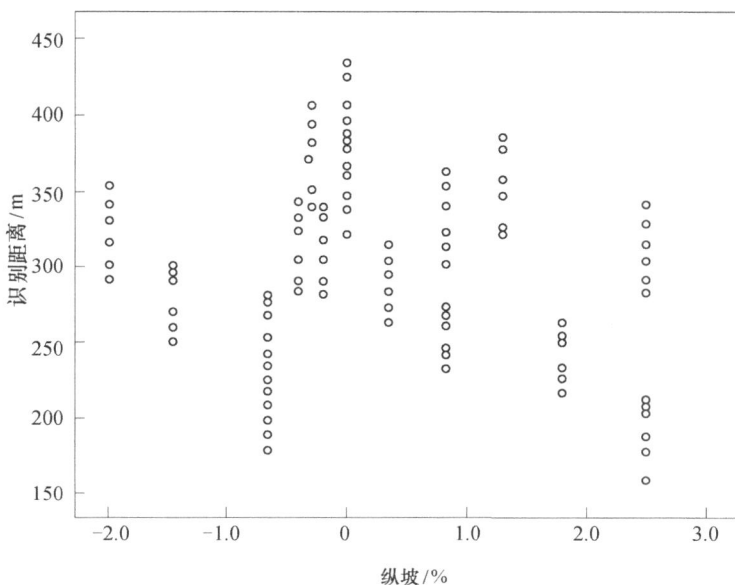

图 7.9　驾驶人夜间识别距离与纵坡值的关系

1）从图 7.9 可以看出，与白天一致，随着纵坡绝对值的增大，夜间驾驶人的识别距离整体呈逐渐减小趋势，纵坡值为负时识别距离下降比纵坡值为正时下降更显著。

2）结合表 7.13 可以看出，对于同等半径水平的线形，纵坡值大于 2% 的识别距离小于纵坡值小于 2% 的线形，说明了纵坡值对识别距离的影响。

这是因为对于直坡而言，夜间参照物不足以引起驾驶人视觉反应的时候，驾驶人误以为直线上行驶，产生了较为优越的识别距离；对于平直线形，灯光照射下，夜间识别距离不受纵坡的影响，略微高于白天。

7.4 驾驶人昼夜识别距离模型

根据上述分析可知，白天和夜间驾驶人识别距离与行驶速度、平曲线半径、纵坡值呈单调变化，可以为线性和非线性，建立模型并对模型进行优选和检验。

7.4.1 白天识别距离模型

根据驾驶人白天识别距离规律研究，排除纵坡值为 0% 时幂函数和对数不存在的情况，选取不同的关系模型，利用 SPSS 软件对 96 个试验数据进行回归分析，得到不同线形下的函数形式参数及相应的相关系数见表 7.14。

表 7.14　　　　　　　　　　驾驶人白天识别距离不同的关系模型

序号	关系模型	a	b	c	d	k	$\overline{R^2}$
1	$S_D = a \times v + b \times R + c \times i + k$	−1.90	0.009	−33.8	—	497	0.834
2	$S_D = a \times v + b \times R + c \times e^{d \times i} + k$	−1.90	0.009	113	−0.58	392	0.850
3	$S_D = a \times v + b \times e^{c \times R} + d \times i + k$	−1.90	1173	−0.04	−32.0	5447	0.521
4	$S_D = a \times v + b \times \ln R + c \times i + k$	−1.90	37.9	−29.5	—	225	0.810
5	$S_D = a \times v + b \times \ln R + c \times e^{d \times i} + k$	−1.90	37.4	97.2	−0.60	140	0.819
6	$S_D = a \times v + b \times R^c + d \times i + k$	−1.90	0.022	0.91	−33.6	491	0.840
7	$S_D = a \times \ln v + b \times R + c \times i + k$	−177	0.009	−34.0	—	1116	0.842
8	$S_D = a \times \ln v + b \times R + c \times e^{d \times i} + k$	−177	0.009	113	−0.58	1013	0.852
9	$S_D = a \times \ln v + b \times e^{c \times R} + d \times i + k$	−177	1174	−0.04	−32.0	1166	0.523
10	$S_D = a \times \ln v + b \times \ln R + c \times i + k$	−177	37.9	−29.5	—	846	0.812
11	$S_D = a \times \ln v + b \times \ln R + c \times e^{d \times i} + k$	−177	37.4	97.2	−0.60	762	0.821
12	$S_D = a \times \ln v + b \times R^c + d \times i + k$	−177	0.022	0.91	−33.6	1112	0.842
13	$S_D = a \times e^{b \times v} + c \times R + d \times i + k$	−13508	0.00	0.009	−34.0	14001	0.839
14	$S_D = a \times e^{b \times v} + c \times \ln R + d \times i + k$	−13873	0.00	−37.9	−29.5	14097	0.810
15	$S_D = a \times v^b + c \times R + d \times i + k$	4112	−0.055	0.009	−34.0	−2888	0.842
16	$S_D = a \times v^b + c \times \ln R + d \times i + k$	−675	0.139	37.9	−29.5	1316	0.812

对表 7.14 得到的函数形式进行对比，函数 13 和函数 14 关系模型存在系数为 0.00 的情况，说明模型失败，以关系模型的相关系数为选择标准，驾驶人白天识别距离模型最优的表达形式

为函数 8，其形式如下

$$S_D = -177\ln v + 0.009R + 113e^{-0.58i} + 1013 \tag{7.1}$$

式中，S_D——驾驶人白天识别距离，m；

$\quad\quad v$——车辆行驶速度，km/h；

$\quad\quad R$——平曲线半径，m；

$\quad\quad i$——纵坡坡度，%。

由白天驾驶人识别距离模型可知，白天驾驶人的识别距离与速度、平曲线半径、纵坡呈三元非线性回归关系，并且模型的相关系数（调整后的 R^2）大小为 0.852，说明该模型的回归关系良好。

为了进一步检验模型是否遗漏了重要变量，对模型的残差进行检验，见图 7.10，大量残差的统计结果服从正态分布，说明残差中不存在其他变量，证明了白天驾驶人识别距离模型是合理的。

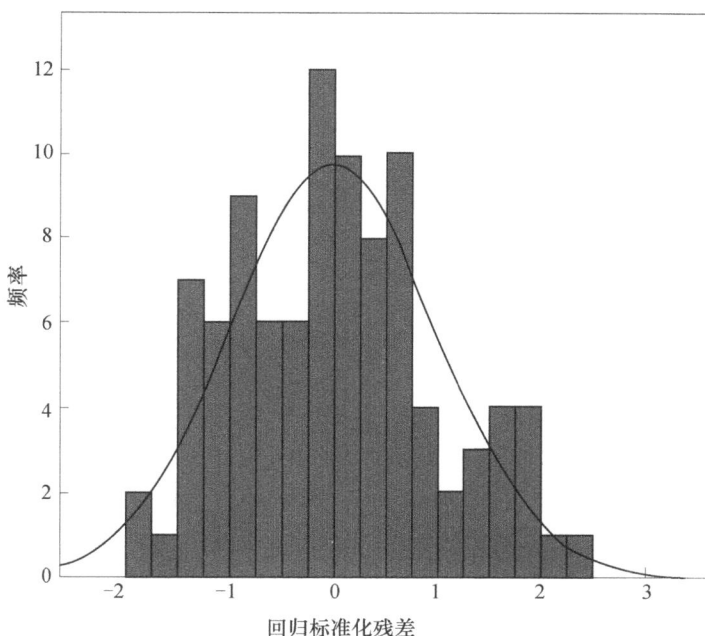

图 7.10　驾驶人白天识别距离模型残差回归

7.4.2　夜间识别距离模型

根据驾驶人夜间识别距离规律研究，排除纵坡值为 0% 时幂函数和对数不存在的情况，选取不同的关系模型，利用 SPSS 软件对 96 个试验数据进行回归分析，得到不同线形下的函数形式参数及相应的相关系数，见表 7.15。

表 7.15　　　　　　　　　　驾驶人夜间识别距离不同的关系模型

序号	关系模型	a	b	c	d	k	$\overline{R^2}$
1	$S_N = a \times v + b \times R + c \times i + k$	−1.15	0.014	−34.8	—	366	0.916
2	$S_N = a \times v + b \times R + c \times e^{d \times i} + k$	−1.15	0.013	97.5	−1.59	298	0.968
3	$S_N = a \times v + b \times e^{c \times R} + d \times i + k$	−1.15	$3.25E_5$	0.00	−34.8	$-3.24E_5$	0.918

续表

序号	关系模型	a	b	c	d	k	$\overline{R^2}$
4	$S_N = a \times v + b \times \ln R + c \times i + k$	−1.15	60.3	−27.9	—	−68.8	0.942
5	$S_N = a \times v + b \times \ln R + c \times e^{d \times i} + k$	−1.15	57.8	80.54	−1.72	−104	0.983
6	$S_N = a \times v + b \times R^c + d \times i + k$	−1.15	17.5	0.299	−30.1	218	0.952
7	$S_N = a \times \ln v + b \times R + c \times i + k$	106	0.014	−34.8	—	739	0.917
8	$S_N = a \times \ln v + b \times R + c \times e^{d \times i} + k$	−106	0.013	97.5	−1.59	671	0.966
9	$S_N = a \times \ln v + b \times e^{c \times R} + d \times i + k$	−106	3.36E5	0.00	−34.8	−3.36E5	0.917
10	$S_N = a \times \ln v + b \times \ln R + c \times i + k$	−106	60.3	−27.9	—	305	0.941
11	$S_N = a \times \ln v + b \times \ln R + c \times e^{d \times i} + k$	−106	57.8	80.54	−1.71	269	0.981
12	$S_N = a \times \ln v + b \times R^c + d \times i + k$	−106	17.5	0.299	−30.1	591	0.951
13	$S_N = a \times e^{b \times v} + c \times R + d \times i + k$	−143	0.005	0.014	−34.8	487	0.919
14	$S_N = a \times e^{b \times v} + c \times \ln R + d \times i + k$	−143	0.055	60.3	−27.9	51.9	0.942
15	$S_N = a \times v^b + c \times R + d \times i + k$	−0.079	1.50	0.014	−34.8	331	0.919
16	$S_N = a \times v^b + c \times \ln R + d \times i + k$	−0.079	1.50	60.3	−27.9	−104	0.942

对表 7.15 得到的函数形式进行对比，函数 3 和函数 9 关系模型存在系数为 0.00 的情况，说明模型失败，以相关系数为选择标准，识别距离模型最优的表达形式为函数 5，得到夜间驾驶人识别距离模型如下

$$S_N = -1.15v + 57.8\ln R + 80.54e^{-1.72i} - 104 \tag{7.2}$$

式中，S_N——驾驶人夜间识别距离，m；

$\quad\quad v$——车辆行驶速度，km/h；

$\quad\quad R$——平曲线半径，m；

$\quad\quad i$——纵坡坡度，%。

由夜间驾驶人的识别距离模型可知，夜间驾驶人的识别距离与速度、平曲线半径、纵坡呈三元非线性回归关系，并且模型的相关系数大小为 0.983，说明该模型的回归关系非常理想。

为了进一步检验模型是否遗漏了重要变量，对模型的残差进行检验，见图 7.11，大量残差的统计结果服从正态分布，说明残差中不存在其他变量，证明了夜间驾驶人识别距离模型是合理的。

7.4.3 昼夜识别距离模型对比

尽管驾驶人白天和夜间的识别距离模型与速度、平曲线半径、纵坡均呈现三元非线性关系，但是模型的非线性形式、模型的系数及相应的相关系数的大小是不同的，驾驶人昼夜识别距离模型和系数比较见表 7.16。

表 7.16　　　　　　　　　驾驶人白天和夜间识别距离模型对比

环境	模型关系式	相关系数$\overline{R^2}$
白天	$S_D = -177\ln v + 0.009R + 113e^{-0.58i} + 1013$	0.852
夜间	$S_N = -1.15v + 57.8\ln R + 80.54e^{-1.72i} - 104$	0.983

从模型来看，驾驶人白天和夜间的识别距离与速度、平曲线半径、纵坡三个变量的关系模型均为三元非线性，但是模型的形式不同；在白天和夜间选取数据样本一样的情况下，得到的相关系数白天为 0.852，夜间为 0.983，说明拟合效果都较为理想情况下，夜间比白天的线性拟

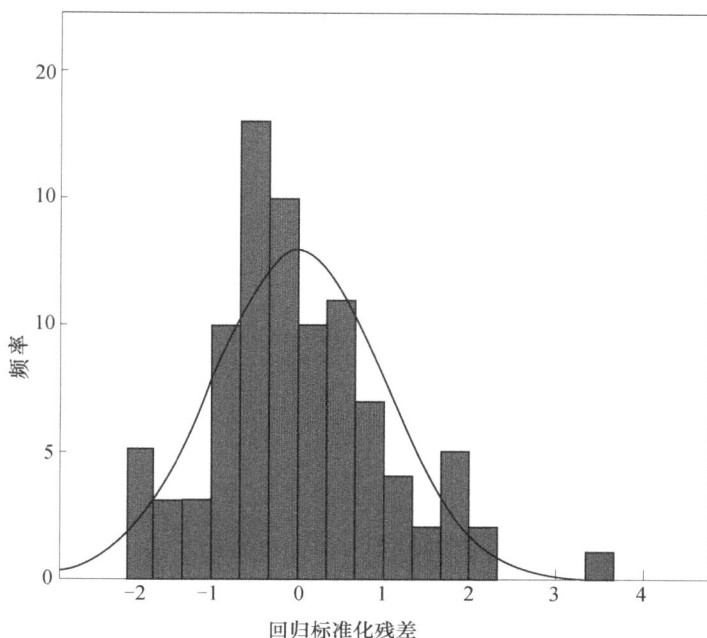

图 7.11　驾驶人夜间识别距离模型残差回归

合效果更优，也说明白天可能还存在其他影响识别距离的因素。与白天相比，夜间识别距离影响因素单一而明显。

从速度系数来看，白天和夜间识别距离模型的速度系数为负，说明不管白天还是夜间，整体表现出来的是驾驶人的识别距离随速度的增大而减小；从形式来讲，白天识别距离与速度关系为对数，夜间为线性，说明夜间受速度的影响比白天更为显著和突出。这是因为，白天在较低速度时环境条件优越，随着速度的增大，识别距离降低较为明显，当速度继续增高至一定水平，视觉受限维持在相对稳定的数值。然而夜间由于暗环境的存在，识别距离在较低速度时受环境限制维持在较低水平上，当速度增大时，识别距离下降均匀。

从平曲线半径系数来看，白天和夜间的识别距离模型的半径系数为正，说明不管是白天还是夜间，整体表现出来的是驾驶人的识别距离随半径的增大而增大；从形式来讲，白天识别距离与半径呈线性，夜间为对数，也就是平曲线半径越小对驾驶人的识别距离越不利，白天这种趋势较弱，夜间显著。这是因为，白天人眼视野广阔，能够观察到可视范围内的状况，而夜间驾驶人的视觉范围被局限在灯光照射范围内，灯光范围之外的景物无法分散驾驶人的注意力，加之灯光的直射作用，直线上驾驶人的识别距离最好，曲线由于曲率的存在，尤其是小半径大曲率的线形，灯光直射作用不能发挥应有的作用，驾驶人的识别距离随半径的减小降低得较为明显。

从纵坡的系数来看，白天和夜间的识别距离模型的纵坡系数为负，不可否认的是纵坡的存在不论对白天还是夜间的识别距离都会产生影响，整体表现出来的是驾驶人的识别距离随纵坡的增大而减小。从形式来讲，白天和夜间识别距离纵坡形式均为指数，白天大于夜间。这是因为，与白天相比，夜间外界参照物不足，驾驶人误以为在平路上行驶，加之灯光照射下视觉范围被局限，当坡度持续增大时变化不如白天显著。

第 8 章

高速公路驾驶人
昼夜感知速度特征

　　本章在分析高速公路驾驶人感知速度影响因素基础上，对比白天和夜间实际速度和驾驶人感知速度的差异，研究不同速度、平曲线半径、纵坡值下驾驶人感知速度的变化规律，建立驾驶人昼夜感知速度模型，同时对白天和夜间驾驶人感知速度模型进行对比。

8.1　驾驶人感知速度试验方案

8.1.1　感知速度的定义与试验思路

　　（1）感知速度的定义

　　目前国内外对驾驶人感知速度定义不统一。澳大利亚的 Fileds 等人对感知速度的定义如下：驾驶人行驶的感知速度（Speed Perception）不仅与其心理活动、刺激和反应的感官知觉相关，并与其自身的认知结构相关，通过对其他车辆速度的判断而认定自己车辆的行驶速度。美国 Campbell 等人对驾驶人感知速度的定义如下：感知速度是指某一驾驶人对他（她）自身行驶快慢的判断，如果驾驶人低估了其行驶速度，他们将会快于自身的期望速度，如果驾驶人高估了其行驶速度，他们将会慢于自身的期望速度。国内的金会庆等人给出了速度估计的定义：速度估计（Speed Anticipation）是指对运动物体速度的感知能力及对速度估计偏向，驾驶人在驾驶中通常依据其他车辆的行驶速度来估计自身车速，从而保持必要的车距，并认为速度估计准确性是评价驾驶安全性的一个有效指标。

　　基于前人的研究，本研究提出驾驶人感知速度的定义：驾驶人的感知速度是在一定的道路条件下，驾驶人观察道路周边的行驶环境，通过接收到的动态视觉信息，结合车辆自身状况，对车辆行驶速度快慢的估计值。为了配合驾驶人感知速度试验，本研究同时进行了安全感受调查，分为非常安全、安全、不安全、极度不安全共四个等级。

　　（2）试验思路

　　有夜间驾驶经验的高速公路驾驶人都会反映：白天和夜间对同一速度的感受是不同的，在同一行驶速度下，夜间较之白天感觉更为不安全。对同一路段，进行白天和夜间试验，通过对驾驶人的主观问询调查，对比驾驶人夜间知觉速度与白天感知速度，定量确定驾驶人夜间感知速度变化规律，可为夜间理论限速值修正提供理论依据。

8.1.2　试验步骤

　　驾驶人感知速度试验与第 7 章介绍的识别距离试验同步进行，其采用的试验设备、试验时间、试验路段及试验人员与识别距离试验均相同。根据试验要求，设计的试验步骤如下。

　　①对选定起点 A、终点为 B、长度为 L 的路段进行试验。

　　②驾驶人在到达 A 点之前以加速行驶到速度 v（驾驶人事先不知道具体速度值），行驶平稳后，驾驶人自动报出速度估计值 v_f，并报出此时的安全感受。

　　③记录员随时记录整理驾驶人的感知速度和安全感受。

　　④在白天和夜间分别对选定路段，以 70km/h 为起始，10km/h 为步长递增至 120km/h，重复步骤 1）～4）。

8.2 驾驶人昼夜感知速度分析

8.2.1 感知速度的影响因素

驾驶人感知速度与持续行驶时间、公路线形、光照环境等密切相关。

（1）持续行驶时间与感知速度的关系

高速公路为行车提供了最为有利的条件，驾驶人在行驶中，无需很多操纵和动作，不用担心遇到交叉口和会车，这就会使驾驶人的心理负担大大减轻。与此同时，单调的行车环境和过少的刺激会产生不利的一面，长时间处于刺激过少的状态，会引起大脑活动的倦怠和抑制，表现为注意力逐渐涣散，判断和反应逐渐变得迟缓，最后可以导致疲劳瞌睡。特别是夜间行驶情况下，驾驶人需要克服打瞌睡的不利状况，集中精力行驶，更易造成心理疲劳，驾驶人的反应速度、身体平衡等机能都会下降，这就形成所谓的高速催眠现象。一般在高速公路上连续行驶两三个小时后就会出现这种现象，通常是每数分钟或者十分钟左右发作一次。

（2）公路线形与速度感知的关系

下坡行驶时的感知研究发现，驾驶人在下坡行车时，容易误认为是在平路上行驶，尤其是在路旁无明显标志或者建筑物等的情况下，特别容易出现这种错觉，这种错觉会导致驾驶人在夜间不知不觉地超速行驶。

弯道行驶的感知研究发现，驾驶人在弯道行驶时，对曲线段估计不足会导致驾驶人错误估计行驶速度，直到行驶在弯道上才发现这种失误，进而快速操控车辆行驶方向和降低行驶速度，导致交通冲突。

（3）光照环境与感知速度的关系

夜间与白天相比，一方面，驾驶人夜间行驶注意力会高度集中，根据自身的驾驶经验来进行感知速度，但是高度集中持续时间并不长，持续一段时间后驾驶人的警惕性逐渐减弱；另一方面，高速公路夜间的光线来源主要为车辆的远（近）光灯，视觉敏感性会远低于白天，在辨识距离较长的白天，反应时间充足，使驾驶人的注意力处于相对稳定状态，而在辨识距离有限的夜间，驾驶人注意力高度集中，感知速度偏差波动剧烈，极端情况出现的概率加大。

综上所述，除了受客观影响因素外，驾驶人自身会考虑安全、时间、执法三个因素，权衡利弊选择行驶速度，驾驶人最大限度地减少旅行时间是首选，还得权衡超速可能带来的罚单以及不安全因素两者产生的出行负效应。夜间驾驶人的行驶速度会受到其自身驾驶技术、身体、心理、交通环境等诸多因素的影响，对速度产生错觉这种难以避免的知觉特性，进而出现速度判断偏差。

8.2.2 昼夜感知速度对比

在道路交通系统中，驾驶人是车辆和道路有机结合的中间环节，是系统中最主要和最复杂的部分，驾驶人对车速的逻辑关系是：如果道路线形有利、车辆状况良好、自身技术能够满足，则保持尽可能高的车速行驶。由此可见，道路线形决定了设计速度和实际运行速度之间存在感知速度这一重要环节，由于感知速度的存在，驾驶人实时与交通系统其他要素进行互动，从而也使得驾驶人对速度的主观感知和安全感受与客观存在的道路条件之间可能产生差别。

　　因此，把握驾驶人的感知速度特点是进行合理限速值的前提和基础。对收集到的数据进行整理，白天和夜间感知速度与实际速度的关系见表 8.1 和表 8.2。

表 8.1　　　　　　　　　白天不同速度与线形条件下的驾驶人感知速度　　　　　　　　单位：km/h

线形 ＼ 速度	70	80	90	100	110	120
小半径曲线	70	80	100	110	120	130
中半径弯坡	70	80	90	95	115	125
中半径曲线	70	80	90	100	110	120
大半径弯坡	70	80	92	100	110	120
大半径曲线	70	78	90	100	110	115
直坡	70	80	90	100	105	110
平直	70	80	90	100	100	110

表 8.2　　　　　　　　　夜间不同速度与线形条件下的驾驶人感知速度　　　　　　　　单位：km/h

线形 ＼ 速度	70	80	90	100	110	120
小半径曲线	70	70	95	110	130	140
中半径弯坡	60	80	90	110	130	130
中半径曲线	60	75	90	100	125	130
大半径弯坡	60	75	85	105	120	125
大半径曲线	60	70	85	100	120	120
直坡	60	70	80	105	110	120
平直	60	70	80	100	110	120

　　由表 8.1 和表 8.2 可知，白天驾驶人的感知速度准确程度在 100～110km/h 发生了转变，行驶速度低于 100km/h 的驾驶人感知速度基本准确，而高于 110km/h 的驾驶人感知速度发生偏差；夜间行驶速度低于 90km/h 的驾驶人感知速度比实际速度偏低，高于 100km/h 的驾驶人感知速度偏高。

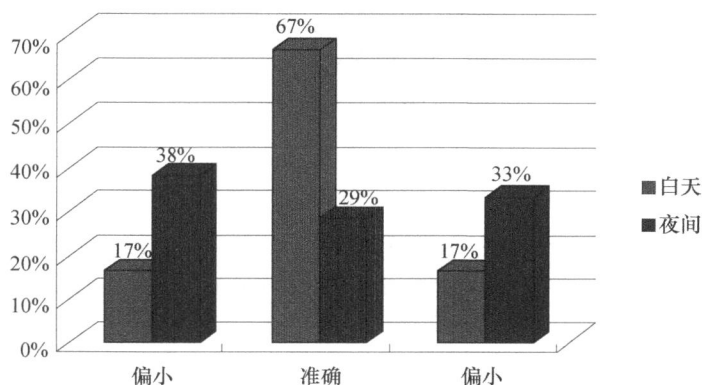

图 8.1　白天和夜间感知速度准确度分析

高速公路驾驶人昼夜感知速度准确率如图 8.1 所示，不同线形条件下驾驶人感知速度偏差如图 8.2 和图 8.3 所示。

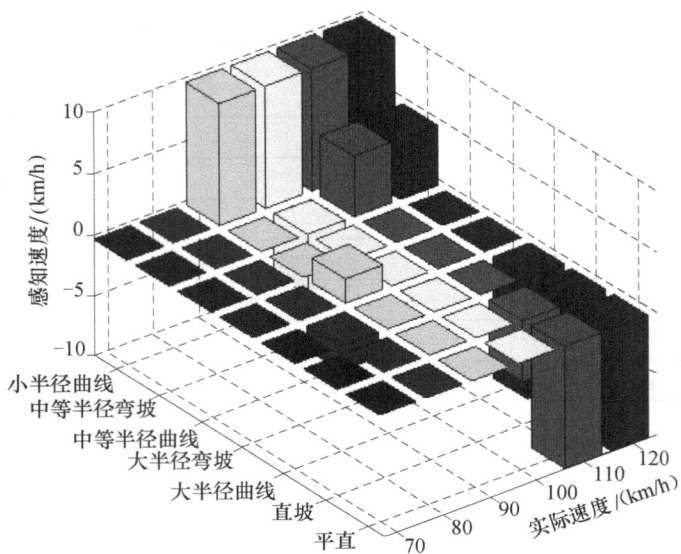

图 8.2　白天感知速度与实际速度偏差

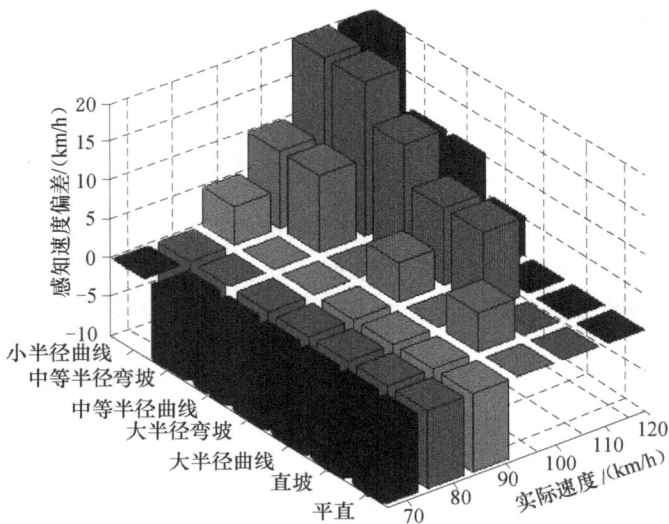

图 8.3　夜间感知速度与实际速度偏差

由图 8.1 可知，白天驾驶人的感知速度准确率为 67.0%，明显高于夜间的 29%，与此同时，夜间驾驶人感知速度偏低的百分比为 38%，明显高于白天的 17%；夜间的感知速度偏高比例为 33%，仍然高于白天。

由图 8.2 和图 8.3 可知，白天感知速度呈现出"低速准确，高速偏差"，并且"高速偏差"高低与线形有关；而夜间感知速度呈现出"低速偏低，高速偏高"，这是由于白天驾驶人的运行环境良好，影响感知速度的因素较多，而夜间尽管光照条件不好，但是影响因素较为单一。

由以上数据以及分析可知，不管是白天还是夜间，驾驶人对速度的感知都会发生偏差，夜间比白天更为显著，这是因为驾驶人通过综合认知、判断、逻辑推理、感知决策等一系列心理、生理活动来实时感知车速，进而控制车速在自认为是安全车速的阈值内，主观判断不可避免地会出现误差，而这种误差在外界环境发生变化时会表现出不同的变化趋势。

8.3　驾驶人昼夜感知速度变化规律

道路设计中，曲线因其出色的视觉诱导作用而成为最常用的线形之一，驾驶人在曲线或者弯坡上行驶时，需要根据线形的变化不断调整运行方向和行驶速度。本研究是在没有车辆限速时分析感知速度与速度、曲线半径、纵坡值存在的相关关系，白天和夜间驾驶人的感知速度如表 8.3 和表 8.4 所示。

表 8.3　　　　　　　　　　三个变量下白天驾驶人的感知速度

路段编号	半径/m	纵坡/%	速度/(km/h)					
1	700	−0.674	70	80	100	100	120	130
2	2500	−0.674	70	80	95	100	115	130
3	2500	0.830	70	80	90	105	115	125
4	9500	0.830	70	80	85	100	105	110
5	9500	2.500	70	70	90	100	105	110
6	9500	−2.000	70	85	90	100	110	115
7	9500	−0.300	70	80	90	100	105	115
8	9500	0.000	70	75	90	95	110	120
9	5000	0.000	70	80	90	100	110	120
10	5000	−1.450	70	80	90	100	110	120
11	5000	−0.400	70	80	90	100	110	120
12	3000	0.350	70	80	90	100	110	120
13	2600	1.500	70	80	95	100	115	125
14	2600	1.800	70	80	90	100	110	120
15	+∞	1.300	70	80	90	100	100	110
16	3500	−0.200	70	80	90	100	110	120
17	3500	1.750	70	80	90	100	110	120
18	3500	−0.622	70	80	90	100	110	120

表 8.4　　　　　　　　　　三个变量下夜间驾驶人的感知速度

路段编号	半径/m	纵坡/%	速度/(km/h)					
1	700	−0.674	70	70	90	110	130	140
2	2500	−0.674	60	70	80	105	125	140
3	2500	0.830	60	70	80	105	125	135
4	9500	0.830	60	70	85	90	110	120

路段编号	半径/m	纵坡/%	速度/(km/h)					
5	9500	2.500	60	70	85	90	110	120
6	9500	−2.000	60	75	85	100	115	125
7	9500	−0.300	60	70	80	95	115	120
8	9500	0.000	60	75	85	100	120	125
9	5000	0.000	60	70	80	100	120	125
10	5000	−1.450	60	70	80	100	120	125
11	5000	−0.400	60	70	80	95	120	125
12	3000	0.350	60	70	80	100	125	130
13	2600	1.500	60	75	85	100	130	135
14	2600	1.800	60	70	85	105	130	130
15	+∞	1.300	60	70	80	90	110	120
16	3500	−0.200	60	70	80	100	125	130
17	3500	1.750	60	70	80	100	120	125
18	3500	−0.622	60	70	80	100	125	130

8.3.1 驾驶人白天感知速度变化规律

（1）感知速度与实际速度的关系

感知速度是建立在实际速度之上的，理想状态下感知速度等于实际运行速度，而实际运行中驾驶人的车速判断受车辆性能、道路线形、路面状况等因素影响。白天驾驶人感知速度回归关系见图 8.4 和表 8.5。

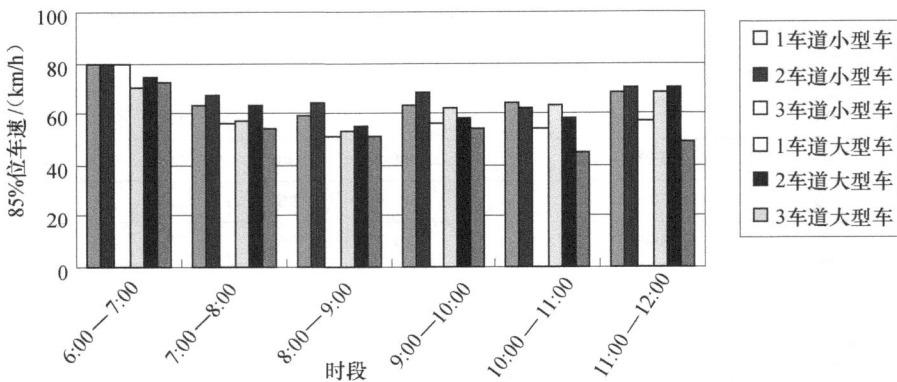

图 8.4　白天感知速度随速度的变化

表 8.5　　　　　　　　　白天驾驶人感知速度与速度的回归关系

线形	回归关系	$\overline{R^2}$	线形	回归关系	$\overline{R^2}$
小半径曲线	$v_{df}=114\ln v-418$	0.991	大半径曲线	$v_{df}=88.0\ln v-305$	0.993
中半径弯坡	$v_{df}=31.4e^{0.012v}$	0.986	直坡	$v_{df}=76.3\ln v-253$	0.993
中半径曲线	$v_{df}=v$	1.0000	平直	$v_{df}=72.2\ln v-232$	0.976
大半径弯坡	$v_{df}=0.994v+0.876$	0.998			

注：v_{df}——白天驾驶人感知速度，km/h；v——行驶速度，km/h。

　　由图 8.4 可知，随着速度的增大，感知速度与实际速度的偏差从小到大逐渐变化，小曲线半径感知速度与实际速度出现偏差最早，大半径曲线最晚，中等半径曲线感知速度与实际速度完全吻合，说明感知速度与实际速度存在偏差，随着速度的增大逐渐显著，同时与线形有关。

　　由表 8.5 可知，随着速度的变化，感知速度与实际速度都呈现很强的相关关系，平直、直坡、大半径曲线、小半径曲线的感知速度与实际速度呈对数关系，大半径弯坡、中等半径曲线呈现线性关系，中等半径弯坡却呈现指数关系，说明随速度的变化，不同的线形条件回归关系不同，感知速度与线形的具体关系及定量分析有待进一步研究。

　　（2）感知速度与平曲线半径的关系

　　白天在一定速度条件下，驾驶人感知速度与平曲线半径的关系见图 8.5，相应的回归关系见表 8.6。

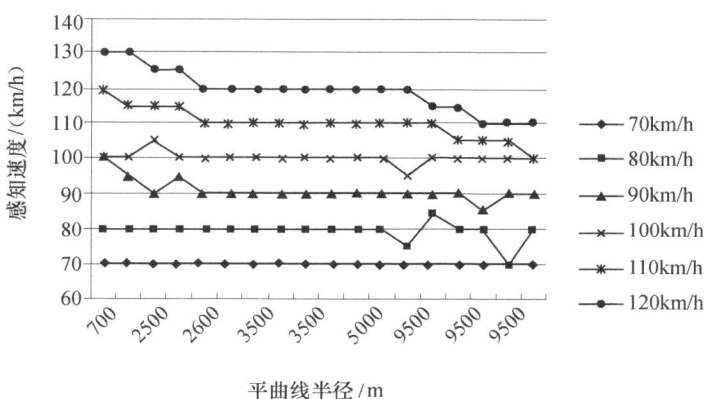

图 8.5　白天感知速度随平曲线半径的变化

表 8.6　　　　　　　　　白天驾驶人感知速度与平曲线半径的回归关系

速度/(km/h)	回归关系	$\overline{R^2}$	速度/(km/h)	回归关系	$\overline{R^2}$
70	$v_{df}=70$	—	100	$v_{df}=101$	0.139
80	$v_{df}=80.8e^{(3.12E-6)R}$	0.074	110	$v_{df}=-5.42\ln R+155$	0.719
90	$v_{df}=-3.23\ln R+118$	0.550	120	$v_{df}=-7.10\ln R+179$	0.727

注：v_{df}——白天驾驶人感知速度，km/h；R——平曲线半径，m。

　　由图 8.5 可知，不同速度下感知速度随平曲线半径的变化情况不同，行驶速度在 70km/h 下时，驾驶人感知速度不受平曲线半径的影响；行驶速度为 80～100km/h 时，驾驶人感知速度与平曲线半径关系模糊；行驶速度为 110～120km/h 时，驾驶人感知速度随平曲线半径的增大而降低，这说明随着速度的增大，平曲线半径对感知速度的影响逐渐加强。

　　由表 8.6 可知，不同速度下感知速度与平曲线半径呈现不同的关系，70km/h 感知速度与平曲线无相关关系，80～100km/h 感知速度与平曲线半径呈现微弱的相关关系，110～120km/h 感知速度与平曲线半径呈现对数关系，说明随着速度的增大，感知速度与平曲线的半径从无关走向相关，从微弱相关走向较强相关。

（3）感知速度与纵坡值的关系

白天在一定速度条件，驾驶人感知速度与纵坡值的关系见图 8.6，相应的回归关系见表 8.7。

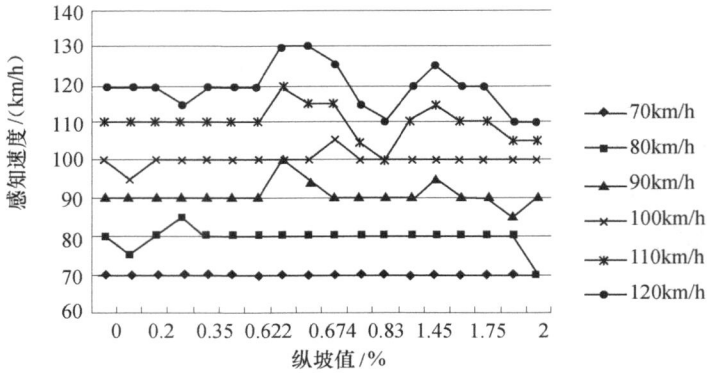

图 8.6　白天感知速度随纵坡的变化

表 8.7　　　　　　　　　白天驾驶人感知速度与纵坡值的回归关系

速度/(km/h)	回归关系	$\overline{R}^2$	速度/(km/h)	回归关系	$\overline{R}^2$
70	$v_{df}=70.0$	—	100	$v_{df}=-1.36i^2+13.56i+98.6$	0.199
80	$v_{df}=-3.66i^2+6.80i+78.2$	0.554	110	$v_{df}=-2.16i^2+2.96i+110$	0.157
90	$v_{df}=-1.84i^2+13.5i+90.2$	0.122	120	$v_{df}=-4.43i^2+6.93i+119$	0.297

注：v_{df}——白天驾驶人感知速度，km/h；i——纵坡值，%。

由图 8.6 可知，随着纵坡的增大，感知速度的变化随机性较强，无明显规律可循，只是不同行驶速度下感知速度的波动幅度不同，速度高的时候，感知速度随纵坡值的增大波动变大。

由表 8.7 可知，不仅行驶速度在 70km/h 以下时感知速度与纵坡值没有相关关系，行驶速度为 80~120km/h 时感知速度与纵坡值也呈现极其微弱的关系，纵坡值的变化对感知速度没有呈现出一定的规律性。

8.3.2　驾驶人夜间感知速度变化规律

与白天相比，夜间行驶环境最大的变化是驾驶人的视觉受限，而速度的感知依赖于外界环境，当驾驶人信息获取发生变化时，感知速度发生变化。

（1）感知速度与实际速度的关系

夜间在一定速度条件，驾驶人感知速度与实际速度的关系见图 8.7，相应的回归关系见表 8.8。

由图 8.7 可知，随着速度的增大，驾驶人感知速度从偏低过渡到偏高，偏低到偏高的过渡发生在行驶速度为 90~100km/h 时，换而言之就是夜间驾驶人感知速度倾向于将低速估计偏高、高速估计偏低；夜间驾驶人对速度的感知迟钝，当行驶速度为 90~100km/h 时发生转变，发生转变的范围与白天相比有所降低。

由表 8.8 可知，随着速度的变化，平直、直坡、大半径曲线、大半径弯坡、中半径曲线感知速度与实际速度呈现指数关系，中半径弯坡呈对数关系，小半径曲线呈现线性关系；与白天相比，感知速度与实际速度的关系更为稳定，夜间感知速度的影响因素相对单一。

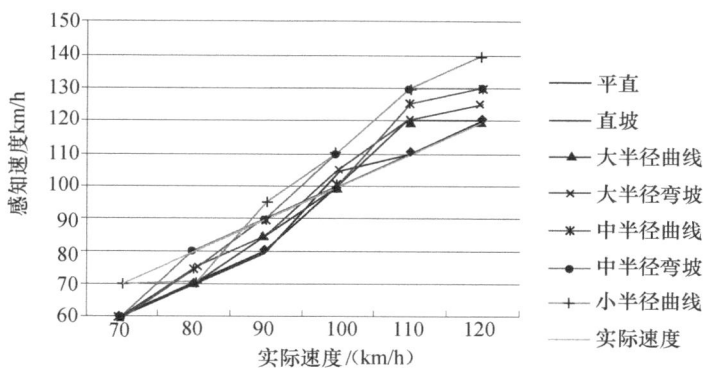

图 8.7　夜间感知速度随速度的变化

表 8.8　　　　　　　　　　　夜间驾驶人感知速度与速度的回归关系

线形	回归关系	$\overline{R^2}$	线形	回归关系	$\overline{R^2}$
小半径曲线	$v_{nf}=1.56v-45.4$	0.967	大半径曲线	$v_{nf}=0.154v^{1.40}$	0.979
中半径弯坡	$v_{nf}=139\ln v-529$	0.974	直坡	$v_{nf}=0.184v^{1.36}$	0.973
中半径曲线	$v_{nf}=0.118v^{1.471}$	0.987	平直	$v_{nf}=0.197v^{1.34}$	0.989
大半径弯坡	$v_{nf}=0.149v^{1.42}$	0.985			

（2）感知速度与平曲线半径的关系。

夜间在一定速度条件下，驾驶人感知速度与平曲线半径的关系见图 8.8，相应的回归关系见表 8.9。

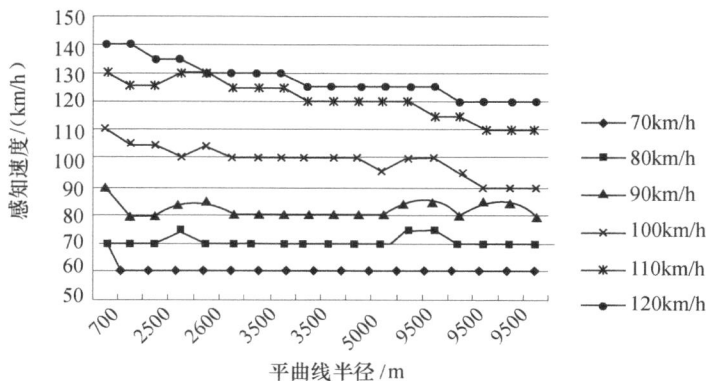

图 8.8　夜间感知速度随平曲线半径的变化

表 8.9　　　　　　　　　　夜间驾驶人感知速度与平曲线半径的回归关系

速度/(km/h)	回归关系	$\overline{R^2}$	速度/(km/h)	回归关系	$\overline{R^2}$
70	$v_{nf}=-2.15\ln R+78.5$	0.131	100	$v_{nf}=-6.40\ln R+153$	0.684
80	$v_{nf}=71.0$	0.084	110	$v_{nf}=-0.002R+131$	0.816
90	$v_{nf}=-0.954\ln R+90.2$	0.048	120	$v_{nf}=216R^{-0.063}$	0.791

由图 8.8 可知，与白天相同，不同速度下感知速度与平曲线半径的关系不同，行驶速度为 70~90km/h 时，感知速度随平曲线半径变化不明显；行驶速度为 100~120km/h 时，感知速度随平曲线半径的增大而降低。不同的是，平曲线半径越大，驾驶人感知速度越低，一定程度上说明了夜间行驶时驾驶人更喜欢直线。

由表 8.9 可知，行驶速度为 70~90km/h 时，感知速度与平曲线半径相关关系很微弱；行驶速度为 100~120km/h 时，二者的相关关系较强；低速时感知速度主要受实际速度的影响，随着速度的增大，平曲线会逐渐加强影响成为重要的控制因素。

（3）感知速度与纵坡值的关系

夜间在一定速度条件下，驾驶人感知速度与纵坡值的关系见图 8.9，相应的回归关系见表 8.10。

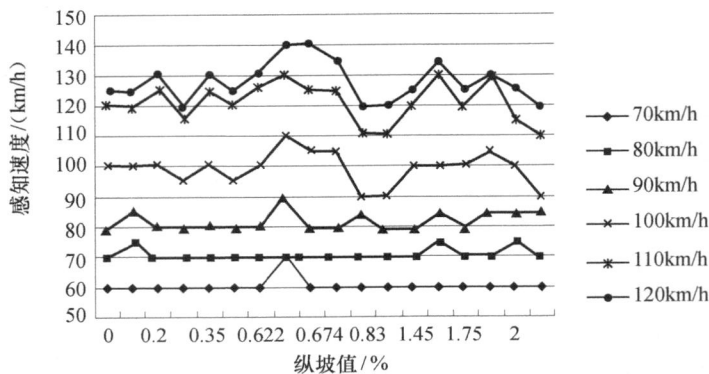

图 8.9　夜间感知速度随纵坡的变化

由图 8.9 可知，与白天相同，驾驶人感知速度与纵坡值的变化没有明显的规律可循，不同的是夜间行驶速度为 70~90km/h 时，感知速度随纵坡的波动较小；行驶速度为 100~120km/h 时，感知速度随纵坡的波动明显，波动幅度大于白天，说明夜间驾驶人对于速度的感知随机性和跳跃性更大。

由表 8.10 可知，与白天相同，不管是在何种速度条件下，驾驶人感知速度与纵坡都没有相关关系，即纵坡对驾驶人感知速度无显著影响。

表 8.10　　　　　　　　　　夜间驾驶人感知速度与纵坡值的回归关系

速度/(km/h)	回归关系	$\overline{R^2}$	速度/(km/h)	回归关系	$\overline{R^2}$
70	$v_{nf} = -0.763i^2 + 1.43i + 60.3$	0.036	100	$v_{nf} = -2.71i^2 + 4.84i + 98.4$	0.095
80	$v_{nf} = -0.596i^2 - 1.01i + 70.9$	0.043	110	$v_{nf} = -3.89i^2 + 6.78i + 120$	0.138
90	$v_{nf} = -0.691i^2 - 0.306i + 81.5$	0.105	120	$v_{nf} = -4.82i^2 + 9.42i + 126$	0.173

8.4　驾驶人昼夜感知速度模型

感知速度的单因素分析表明：纵坡值与感知速度的关系无规律可循。因此，在建立感知速度模型之前，有必要对感知速度进行自变量筛选。

8.4.1　驾驶人白天感知速度模型

（1）自变量筛选

自变量的筛选通常有三种策略，即向前筛选、向后筛选、逐步筛选，这里选取向后筛选的策略，应用 SPSS 软件向后筛选的结果见表 8.11 和表 8.12。

表 8.11　　　　　　　　　　白天感知速度自变量筛选前后系数对比

模型	变量	非标准化系数		标准系数	t	Sig.	$\overline{R^2}$
		B	标准误差	试用版			
1	常量	3.920	1.729	—	2.267	0.025	0.970
	平曲线半径/m	−0.001	0.000	−0.108	−6.437	0.000	
	纵坡值/%	−0.229	0.406	−0.009	−0.564	0.574	
	实际速度/(km/h)	0.994	0.017	0.979	58.982	0.000	
2	常量	3.744	1.695	—	2.208	0.029	0.971
	平曲线半径/m	−0.001	0.000	−0.110	−6.619	0.000	
	实际速度/(km/h)	0.994	0.017	0.979	59.175	0.000	

表 8.12　　　　　　　　　　白天感知速度已排除的变量

模型	变量	Beta In	t	Sig.	偏相关	共线性统计量容差
2	纵坡值/%	−0.009	−0.564	0.574	−0.055	0.977

由表 8.11 和表 8.12 可知，剔除变量纵坡值之后，模型相关系数不仅没有降低，反而从原来的 0.970 升高到 0.971，说明剔除变量纵坡值是合理的，也验证了感知速度单因素分析时感知速度与纵坡值没有相关关系的猜测。为了进一步检验剔除纵坡值变量之后的感知速度模型是否遗

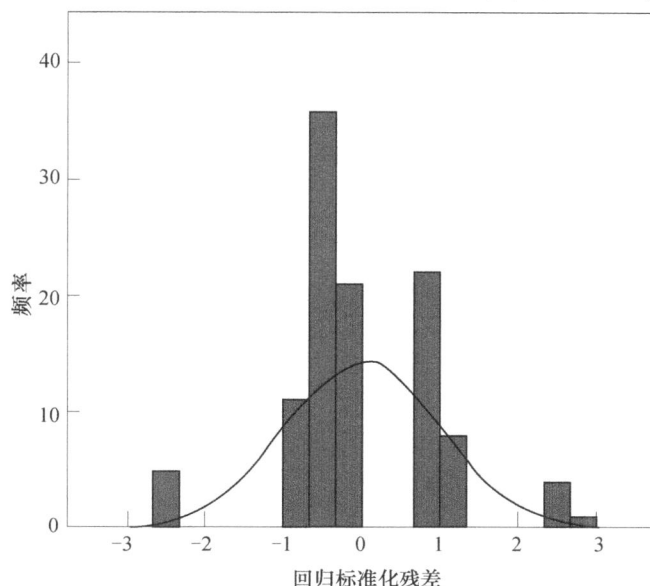

图 8.10　白天感知速度自变量筛选后残差检验

漏了其他重要变量，需进行模型的残差检验。检验结果见图 8.10，从图中可以看出，残差呈正态分布，说明没有遗漏重要变量。

（2）模型构建

剔除了纵坡值这个无关变量，根据单因素分析的回归关系，猜测不同的回归关系模型，对 108 个试验数据进行回归分析，得到的函数形式及相关系数见表 8.13。

表 8.13　　　　　　　　　　白天感知速度回归关系模型

白天	关系模型	a	b	c	k	$\overline{R^2}$
1	$v_{df}=a\times v+b\times R+k$	0.994	−0.001	—	3.74	0.971
2	$v_{df}=a\times v+b\times \ln R+k$	0.994	−2.91	—	24.9	0.970
3	$v_{df}=a\times v+b\times e^{c\times R}+k$	0.994	−4450	0.000	4454	0.971
4	$v_{df}=a\times \ln v+b\times R+k$	92.2	−0.001	—	−32.1	0.967
5	$v_{df}=a\times \ln v+b\times \ln R+k$	1.00	0.000	—	−0.896	0.969
6	$v_{df}=a\times \ln v+b\times e^{c\times R}+k$	92.2	−4319	0.000	3999	0.967
7	$v_{df}=a\times e^{b\times v}+c\times R+k$	1474	0.001	−0.001	−1468	0.971
8	$v_{df}=a\times e^{b\times v}+c\times \ln R+k$	1778	0.001	−2.91	−1751	0.972

对表 8.13 中的函数形式进行对比，函数 3 和函数 6 关系模型失败，以相关系数为选择标准，感知速度模型最优的表达形式为函数 1，其模型形式如下

$$v_{df}=0.994v-0.001R+3.74 \tag{8.1}$$

式中，v_{df}——白天驾驶人感知速度，km/h；

$\quad\quad v$——行驶速度，km/h；

$\quad\quad R$——平曲线半径，m。

8.4.2　驾驶人夜间感知速度模型

（1）自变量筛选

与白天相同，选取向后筛选的策略，SPSS 向后筛选结果见表 8.14 和表 8.15。由表 8.14 和表 8.15 可知，剔除变量纵坡值之后，模型相关系数保持为 0.959，说明剔除的纵坡值是无关变量。为了进一步检验剔除纵坡值变量之后的感知速度模型是否遗漏了其他重要变量，进行了残差检验，如图 8.11 所示，残差呈正态分布，说明没有遗漏重要变量。

表 8.14　　　　　　　　　夜间感知速度自变量筛选前后系数对比

模型	变量	非标准化系数		标准系数	t	Sig.	$\overline{R^2}$
		B	标准误差	试用版			
1	常量	−38.476	2.971	—	−12.952	0.000	0.959
	平曲线半径/m	−0.001	0.000	−0.103	−5.184	0.000	
	纵坡值/%	−0.050	0.697	−0.001	−0.071	0.943	
	实际速度/(km/h)	1.437	0.029	0.974	49.620	0.000	
2	常量	−38.514	2.908	—	−13.243	0.000	0.959
	平曲线半径/m	−0.001	0.000	−0.103	−5.280	0.000	
	实际速度/(km/h)	1.437	0.029	0.974	49.857	0.000	

表 8.15　　　　　　　　　　　　　　夜间感知速度已排除的变量

模型	变量	Beta In	t	Sig.	偏相关	共线性统计量容差
2	纵坡值/%	−0.001	−0.071	0.943	−0.007	0.977

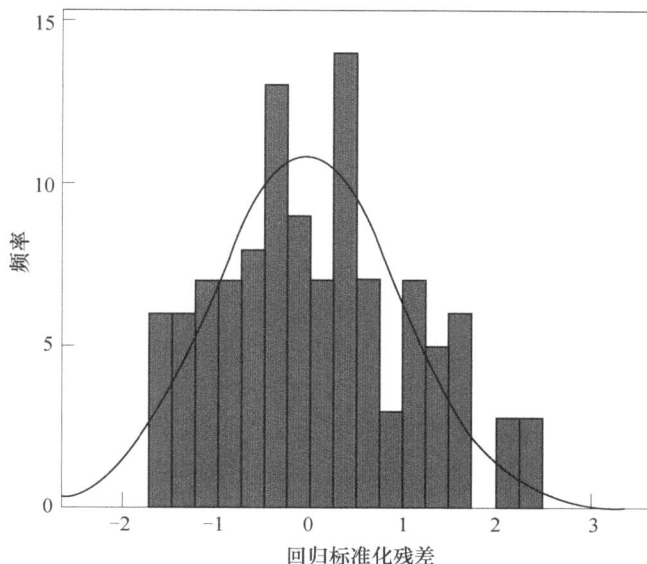

图 8.11　夜间感知速度自变量筛选后残差检验

（2）模型构建

同驾驶人白天感知速度模型一样，利用多元回归方法得到不同的函数形式及相应的相关系数，见表 8.16。以相关系数为选择标准，感知速度模型最优的表达形式为函数 1，其模型形式如下

$$v_{nf} = 1.47v - 0.001R + 38.5 \qquad (8.2)$$

式中，v_{nf}——驾驶人夜间感知速度，km/h；

　　　v——行驶速度，km/h，

　　　R——平曲线半径，m。

表 8.16　　　　　　　　　　　　　　夜间感知速度不同的关系模型

白天	关系模型	a	b	c	k	$\overline{R^2}$
1	$v_{nf} = a \times v + b \times R + k$	1.47	−0.001	—	38.5	0.959
2	$v_{nf} = a \times v + b \times \ln R + k$	1.44	−4.20	—	−7.77	0.962
3	$v_{nf} = a \times v + b \times e^{c \times R} + k$	1.44	−11437	0.000	11398	0.960
4	$v_{nf} = a \times \ln v + b \times R + k$	133	−0.001	—	−503	0.946
5	$v_{nf} = a \times \ln v + b \times \ln R + k$	133	−4.20	—	−473	0.949
6	$v_{nf} = a \times \ln v + b \times e^{c \times R} + k$	133	−10326	0.000	9823	0.946
7	$v_{nf} = a \times e^{b \times v} + c \times R + k$	159	0.005	−0.001	−169	0.962
8	$v_{nf} = a \times e^{b \times v} + c \times \ln R + k$	159	0.005	−4.20	−138	0.959

8.4.3　昼夜感知速度模型对比

尽管白天和夜间驾驶人的感知速度与速度、平曲线半径均呈现二元关系模型，但是模型的系数及相关系数的大小并不相同，驾驶人昼夜感知速度模型系数和显著性检验比较见表 8.17。

表 8.17　　　　　　　　　　　　　　驾驶人昼夜感知距离模型对比

环境	感知速度素模型	$\overline{R^2}$
白天	$v_{df} = 0.994v - 0.001R + 3.47$	0.971
夜间	$v_{nf} = 1.47v - 0.001R + 38.5$	0.959

从模型的形式来看，驾驶人白天和夜间感知速度与速度和平曲线半径均呈二元线性关系。白天行驶时，视线良好，驾驶人获取路侧信息和线形对感知速度进行判断较为准确，而夜间由于暗环境的存在，路侧信息获取受限，驾驶人的感知速度判断依赖的外界环境减弱，速度和平曲线半径综合影响突出。不可否认的是，不管是白天还是夜间，随着速度的增大，道路线形（平曲线半径）会逐渐加强影响，成为主导性的控制因素。

从各变量的系数来看，两个模型的速度系数均为正，说明驾驶人的感知速度随速度的增大而增大，呈单调函数；平曲线半径系数均为为负，说明随着平曲线半径的增大，感知速度会降低。这是由于驾驶人白天会以比较平稳的幅度在弯道降低速度，夜间由于弯道的存在，曲率变化，驾驶人视觉受限，对于曲率的变化无法预先知晓，感觉会发生变化，平曲线半径越大，越会倾向于低估。该发现与 Haglund & Aberg 对瑞典驾驶人行驶速度的调查相类似，驾驶人自我报告的速度低于实际记录的速度，这种偏差多发生在平曲线线形。

从相关系数来看，模型建立选取的数据样本一样，得到的相关系数白天为 0.973，夜间为 0.959，说明白天和夜间多元回归的拟合效果都较为理想。

第 9 章

夜间环境下高速公路最高车速限制

本章根据驾驶人反应制动距离和识别距离模型关系，建立两者之间的夜间安全行驶判别条件，计算出不同平纵组合线形条件下的高速公路夜间理论限速值；通过对比白天和夜间驾驶人的安全感受，利用感知速度模型对理论限速值进行修正，得到不同平纵组合线形条件下的修正限速值；基于夜间行车连续性考虑，确定限速段的长度并对限速段进行划分，给出理论限速值下的连续性设置方法；利用感知速度模型对其进行修正，并用概率统计方法给出 95％置信水平下的修正限速值范围。

9.1　理论模型构建

9.1.1　夜间安全行驶判断条件

夜间行车条件下，驾驶人发现前方状况进行判断、然后采取措施是一个系统过程，包括三个阶段：第一阶段，前方物体出现；第二阶段，驾驶人发现前方障碍物或者车辆，准备采取措施；第三阶段，驾驶人采取减速或者制动措施，保障安全。

为了保障行驶安全，驾驶人的识别距离和制动距离的关系必须满足以下关系，即

$$S_N \geqslant S_r + S_b \tag{9.1}$$

式中，S_N——驾驶人的夜间识别距离，m；

S_r——反应距离，即驾驶人看到前方物体，采取制动前行驶的距离，m；

S_b——制动距离，即采取制动后到车辆完全停止下来行驶的距离，m。

上式中各参数之间的关系示意如图 9.1 所示。

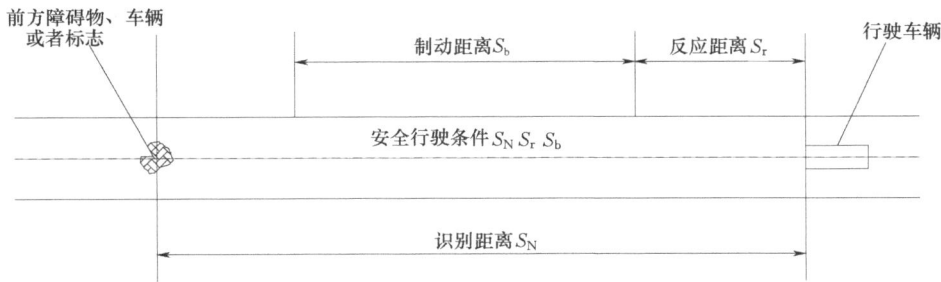

图 9.1　纵坡安全行驶判断条件示意

（1）识别距离

由第 7 章驾驶人夜间识别距离分析可知，夜间驾驶人的识别距离在不同线形与行驶速度条件下是逐渐变化的，夜间驾驶人识别距离模型参见公式（7.2）。

（2）反应距离

驾驶人的反应距离为其反应时间内车辆向前行驶的距离，在行驶速度一定的情况下，只需要知道驾驶人的反应时间即可，相关研究给出的制动感知反应时间如表 9.1 所示。本研究进行的试验中驾驶人预先知道标志在道路右侧，重复试验预先知道会有标志出现，因此反应时间参照可预知障碍物时的驾驶人反应时间平均值，取为 0.54s。

表 9.1   驾驶人不同状态下的反应时间   单位：s

分类	平均值	标准偏差	50%位	85%位	95%位	99%分位
不可预知障碍物	1.31	0.61	1.18	1.87	2.45	3.31
可预知障碍物	0.54	0.10	0.53	0.64	0.72	0.82

（3）制动距离

制动距离是指车辆从某一速度开始制动减速至车辆停止时车辆行驶的距离，计算公式为

$$S_b = \frac{v^2}{2g\ (f \pm i)\ \cdot\ 3.6^2} \tag{9.2}$$

式中，v——车辆制动时的速度，km/h；

      f——滚动阻力系数，各种路面的滚动阻力系数见表 9.2；

      i——路面的纵坡坡度，%。

表 9.2   滚动阻力系数

路面类型	水泥混凝土、沥青混凝土路面	表面平整的黑色碎石路面	碎石路面	干燥平整的土路	潮湿不平整的土路
f	0.01~0.02	0.02~0.025	0.03~0.05	0.04~0.05	0.07~0.15

9.1.2 平纵组合线形条件下的夜间理论限速值

由第 7 章分析和式（9.2）可知，对于固定的线形存在这样的关系：速度增大，识别距离减小，反推出来的可行驶速度逐渐减小，两者中间必然存在着一个交点，该交点即为考虑速度和识别距离关系时，利用识别距离和反应制动距离的关系计算出来的平衡点速度，即理论限速值，如式（9.3）所示，等号左边为识别距离模型，右边为反应制动距离。

$$1.15v + 57.8\ln R + 80.5e^{-1.72i} - 104 = vt + \frac{v^2}{2g\ (f \pm i)\ \cdot\ 3.6^2} \tag{9.3}$$

式中，v——理论限速值，km/h；

      R——平曲线半径，m；

      i——路面的纵坡坡度，%。

      t——反应时间，s；

      f——滚动阻力系数，无量纲。

对获取的长松高速公路平纵线形数据资料进行分析，从长春方向起点 JD₁ 处开始长度为 22km 的新建路段进行划分，计算得到的理论限速值如表 9.3 所示。

表 9.3   长松高速公路路段划分及夜间理论限速值

编号	桩号	坡度/%	半径/m	长度/m	理论限速值/(km/h)
1	K582+636~K583+090	+0.238	1000	434	88.0
2	K583+090~K583+500	+2.200	1000	410	82.8
3	K583+500~K583+940	-2.500	1000	440	73.8
4	K583+940~K584+228	-2.500	+∞	288	94.4
5	K584+228~K585+200	0.000	700	972	88.5

续表

编号	桩号	坡度/%	半径/m	长度/m	理论限速值/(km/h)
6	K585+200～K585+430	−0.674	700	230	78.2
7	K585+430～K586+200	−0.674	2500	770	89.8
8	K586+200～K586+737	+0.830	2500	537	92.3
9	K586+737～K587+350	+0.830	9500	613	104.0
10	K587+350～K587+950	+0.250	9500	600	107.2
11	K587+950～K588+750	−2.000	9500	800	94.2
12	K588+750～K589+350	−0.300	9500	600	105.1
13	K589+350～K590+615	0.000	9500	1265	110.3
14	K590+615～K590+850	0.000	5000	235	105.3
15	K590+850～K591+450	−1.450	5000	600	91.1
16	K591+450～K592+017	−0.400	3000	567	94.3
17	K592+017～K592+400	−0.400	3000	383	94.3
18	K592+400～K593+604	+0.350	2600	1204	95.4
19	K593+604～K593+800	+0.350	2600	196	95.4
20	K593+800～K594+350	+1.500	2600	550	91.9
21	K594+350～K595+300	+0.126	2600	950	98.0
22	K595+300～K595+900	−1.375	2600	600	85.9
23	K595+900～K596+475	+1.800	2600	575	92.1
24	K596+475～K597+100	−1.501	2600	625	85.3
25	K597+100～K597+440	+0.229	2600	340	96.6
26	K597+440～K598+600	+0.229	5000	1160	102.2
27	K598+600～K599+192	−0.200	5000	418	101.5
28	K599+192～K599+900	−0.200	+∞	608	108.4
29	K599+900～K600+500	−1.150	+∞	600	99.6
30	K600+500～K600+750	1.300	+∞	250	105.6
31	K600+750～K600+982	1.300	+∞	232	105.6
32	K600+982～K601+350	−0.200	3500	368	98.5
33	K601+350～K601+750	1.750	3500	400	94.8
34	K601+750～K602+250	−0.430	3500	500	95.2
35	K602+250～K603+200	0.800	3500	950	95.4
36	K603+200～K603+750	1.800	3500	550	94.9
37	K603+750～K603+958	−0.622	3500	108	93.2
38	K603+958～K604+200	−0.622	+∞	242	103.3
39	K604+200～K604+500	0.177	+∞	300	109.8

9.2 基于感知速度的夜间修正限速值

9.2.1 驾驶人昼夜安全感受对比

记录驾驶人对感知速度的安全感受，可以据此对夜间限速值进行修正。表9.4和表9.5为白天与夜间驾驶人在不同线形条件下行驶速度为70～120km/h的安全感受调查结果。

表 9.4　　　　　　　　　　　白天驾驶人行驶安全感知调查

速度/(km/h)	70	80	90	100	110	120
小半径曲线	非常安全	安全	安全	安全	安全	不安全
中等半径弯坡	非常安全	非常安全	安全	安全	安全	安全
中等半径曲线	非常安全	非常安全	非常安全	安全	安全	安全
大半径弯坡	非常安全	非常安全	非常安全	安全	安全	安全
大半径曲线	非常安全	非常安全	非常安全	安全	安全	安全
直坡	非常安全	非常安全	非常安全	安全	安全	安全
平直	非常安全	非常安全	非常安全	非常安全	安全	安全

注：安全感受分为非常安全、安全、不安全、极度不安全四个等级。

表 9.5　　　　　　　　　　　夜间驾驶人行驶安全感知调查

速度/(km/h)	70	80	90	100	110	120
小半径曲线	安全	安全	安全	不安全	不安全	极度不安全
中等半径弯坡	安全	安全	安全	安全	不安全	不安全
中等半径曲线	安全	安全	安全	安全	不安全	不安全
大半径弯坡	安全	安全	安全	安全	安全	不安全
大半径曲线	安全	安全	安全	安全	安全	安全
直坡	安全	安全	安全	安全	安全	安全
平直	安全	安全	安全	安全	安全	安全

注：安全感受分为非常安全、安全、不安全、极度不安全四个等级。

从表9.4和表9.5可以看出，夜间最显著的变化是在白天较低速度（70～90km/h）行驶时的非常安全感受全部被安全感知水平取代，说明夜间与白天相比，非常安全的感觉已经不存在，相同条件下夜间较之白天安全感受发生变化。

此外，白天驾驶人的感受为非常安全和安全的界限出现在行驶速度为90～100km/h时，安全和不安全的界限会出现120km/h之后；而夜间，非常安全和安全感受的界限在70km/h以下，甚至不存在，安全和不安全的界限由于线形的关系，出现较为广的速度范围的过渡，在110～120km及以上。

驾驶人昼夜安全感受对比如图9.2所示。从图9.2中可以看出，白天驾驶人感受为非常安全和安全的比例占到了93%之多，在行驶速度小于等于120km/h的情况下，除了特殊路段，驾驶人没有任何不安全的感觉；而夜间驾驶人感受为安全的比例占到了80.9%，尽管与白天相比有所下降，但下降幅度不大，说明驾驶人对夜间行车速度有着相当高的期望。

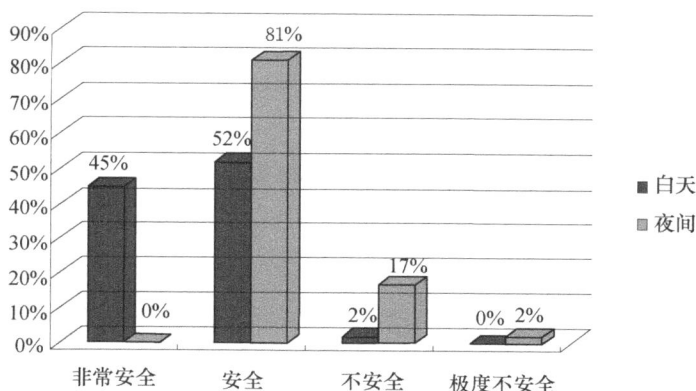

图 9.2　白天和夜间驾驶人安全感受对比

　　驾驶人的主观安全感受是在现有的车辆性能下，驾驶人身体心理与道路环境相互适应的一种主观判定，是驾驶人在道路线形和速度综合作用影响下，建立在自身驾驶经验基础上分析、演绎、推理、综合判断的结果。驾驶人安全感受的形成过程如图 9.3 所示。

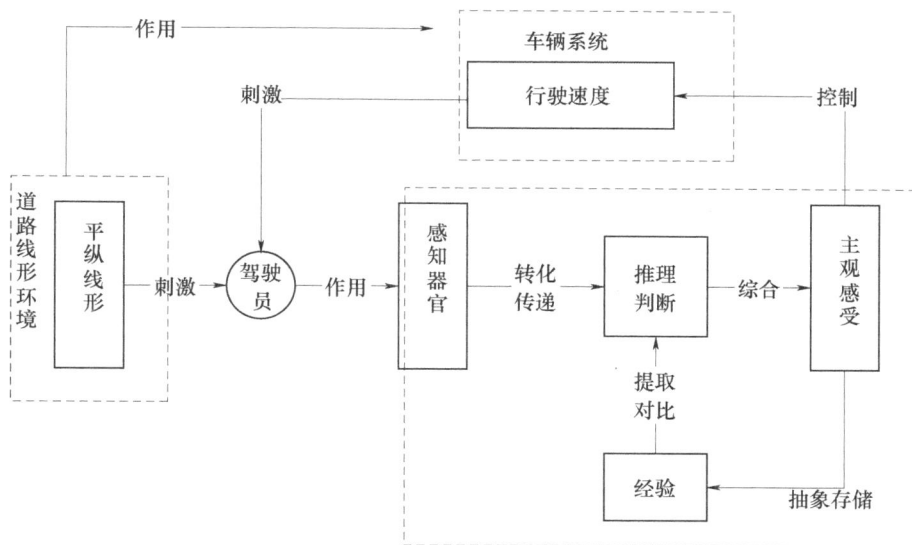

图 9.3　驾驶人安全感受形成过程

　　综上所述，不管是白天还是夜间驾驶人都会有不安全感知的存在，不安全的状态都是从线形苛刻条件由高到低出现的，尤其是在夜间小半径曲线还出现了极度不安全的状况，夜间感知速度水平与线形密切相关，这是因为驾驶人、车辆、道路环境之间进行动态的信息交流，行驶速度的变化、平纵组合线形的变化对于驾驶人的安全感受产生不同程度的扰动和影响。

9.2.2　平纵组合线形条件下的夜间修正限速值

　　由上述分析可知，同一速度、同一线形、同一驾驶人在白天和夜间的安全感受发生了变化，说明夜间具有不同于白天的安全感受特点和规律，并且这种安全感受建立在驾驶人和道路线形、感知速度互动的基础上，如图 9.4 左侧所示。驾驶人在曲线行驶的过程中，由于受道路线形、速度以及其他因素的影响，对速度感知产生偏差，驾驶人进入曲线的过程中低估了自身速度，会使得行驶速度过高而不能安全通过曲线，也说明了有必要对夜间理论限速值进行修正。本研究在得到的理论限速值基础上，利用感知速度规律对理论限速值进行修正，获取不同线形条件下安全行驶的速度，即图 9.4 右侧所示的推荐区域。根据第 8 章得到夜间驾驶人感知速度模型，对理论限速值进行修正，见表 9.6。

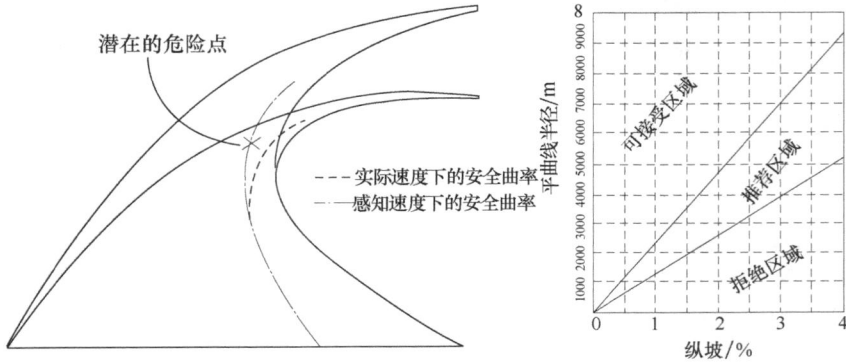

图 9.4　实际速度与感知速度下的安全曲率

表 9.6	基于感知速度的夜间修正限速值				(km/h)
编号	桩号	坡度/%	半径/m	长度/m	修正限速值/(km/h)
1	K582+636～K583+090	+0.238	1000	434	88.6
2	K583+090～K583+500	+2.200	1000	410	73.7
3	K583+500～K583+940	−2.500	1000	440	87.8
4	K583+940～K584+228	−2.500	+∞	288	80.4
5	K584+228～K585+200	0.000	700	972	67.5
6	K585+200～K585+430	−0.674	700	230	90.3
7	K585+430～K586+200	−0.674	2500	770	93.8
8	K586+200～K586+737	+0.830	2500	537	102.0
9	K586+737～K587+350	+0.830	9500	613	100.1
10	K587+350～K587+950	+0.250	9500	600	98.3
11	K587+950～K588+750	−2.000	9500	800	98.3
12	K588+750～K589+350	−0.300	9500	600	84.6
13	K589+350～K590+615	0.000	9500	1265	93.2
14	K590+615～K590+850	0.000	5000	235	83.9
15	K590+850～K591+450	−1.450	5000	600	93.5
16	K591+450～K592+017	−0.400	3000	567	96.7
17	K592+017～K592+400	−0.400	3000	383	96.7
18	K592+400～K593+604	+0.350	2600	1204	102.7
19	K593+604～K593+800	+0.350	2600	196	98.0

编号	桩号	坡度/%	半径/m	长度/m	修正限速值/(km/h)
20	K593+800～K594+350	+1.500	2600	550	95.1
21	K594+350～K595+300	+0.126	2600	950	98.2
22	K595+300～K595+900	−1.375	2600	600	97.4
23	K595+900～K596+475	+1.800	2600	575	97.5
24	K596+475～K597+100	−1.501	2600	625	112.3
25	K597+100～K597+440	+0.229	2600	340	106.8
26	K597+440～K598+600	+0.229	5000	1160	107.8
27	K598+600～K599+192	−0.200	5000	418	91.9
28	K599+192～K599+900	−0.200	+∞	608	119.1
29	K599+900～K600+500	−1.150	+∞	600	114.6
30	K600+500～K600+750	1.300	+∞	250	111.6
31	K600+750～K600+982	1.300	+∞	232	110.0
32	K600+982～K601+350	−0.200	3500	368	95.9
33	K601+350～K601+750	1.750	3500	400	118.1
34	K601+750～K602+250	−0.430	3500	500	116.1
35	K602+250～K603+200	0.800	3500	950	108.7
36	K603+200～K603+750	1.800	3500	550	103.4
37	K603+750～K603+958	−0.622	3500	108	112.0
38	K603+958～K604+200	−0.622	+∞	242	112.0
39	K604+200～K604+500	0.177	+∞	300	95.9

9.3 基于行车连续性的夜间限速设置

9.3.1 理论限速值的连续性设置

车辆从高速运行状态到低速运行状态或者反之,都会存在速度差的现象,如果路段间的速度差过大,就不易平顺地过渡和衔接,导致路段上车辆运行速度离散性增加。速度离散性与交通事故存在正相关关系,因此虽然高速公路在设计初期已经尽量避免线形的剧烈变化引起的速度差,但是某些受地形限制的相邻路段之间速度差不可避免,如果限速段过短,驾驶人需要进行频繁的速度变换,增加不安全因素。

解决速度差的方式有两种:加大限速路段长度,降低速度差的影响;限速路段之间的速度形成阶梯式,削弱速度差。本研究通过基于驾驶人识别距离的前置距离和基于驾驶人记忆衰减的最小稳定行驶距离,确定一定限速值下对应的最小限速段长度,利用有序聚类法将部分路段合并,既使合并后的路段满足最小长度的要求,又利用阶梯式速度过渡的思想来进行合理调整,实现限速的合理化和人性化。

（1）限速段长度

限速段通常包含两部分：一是限速标志前置距离，所谓限速标志前置距离是指，为了保证驾驶人在到达危险点段时达到预期的限速值，需要提前于限速标志设置的距离；二是稳定行驶距离，是指驾驶人降低至限速值以后，由于适应性希望至少能稳定行驶一定时间内行驶的距离。限速段最小长度就是限速标志前置距离与驾驶人最小稳定行驶距离之和，即

$$L_{min}=L_b+L_s \tag{9.4}$$

式中，L_{min}——限速段最小长度，m；

L_b——限速标志前置距离，m；

L_s——最小稳定行驶距离，m。

1）限速标志前置距离。

由图 9.5 可知，限速标志前置距离与驾驶人的识别距离和反应制动距离相关，需满足的关系为

$$L_b+S_1=\frac{v_2^2-v_1^2}{2g\,(f\pm i)}+v_1t \tag{9.5}$$

式中，L_b——限速标志前置距离，m；

S_1——进入特殊点段前驾驶人的识别距离，m。

v_2——特殊点段限速值，km/h；

v_1——进入特殊点段前驾驶人的行驶速度，km/h；

f——滚动摩擦力系数，无量纲，见表 5.2；

i——进入特殊点段前的坡度，无量纲；

t——驾驶人的反应时间，取 0.56s。

由此计算限速标志前置距离 L_b，其值可正可负。

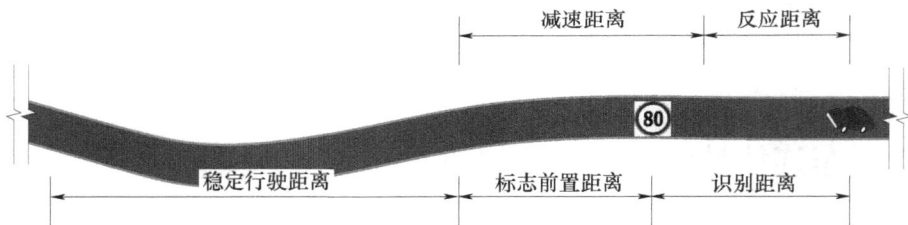

图 9.5　限速段长度组成示意

2）最小稳定行驶距离。

假设驾驶人对限速标志进行识别后形成短暂记忆，在记忆存留期间，驾驶人按照所记忆内容进行驾驶，随着时间延长，短暂记忆衰退，驾驶人调整驾驶状态进而操纵速度变化。驾驶人最小稳定行驶距离就是 1 次短暂记忆开始至衰退的时间内行驶的距离。相关研究对驾驶人的短暂记忆进行了大量试验，发现速度为 80～120km/h 时，60s 后短暂记忆衰减到 40％以下；《公路安全保障工程实施技术指南》中对驾驶人心理的调查研究提出，速度小于 80km/h 时，稳定行驶距离取 $t=40$s 的限速行程。因此，驾驶人最小稳定行驶距离计算公式为

$$L_s=\begin{cases}\dfrac{v}{3.6}\times40 & (v\leqslant80\text{km/h})\\[2mm]\dfrac{v}{3.6}\times60 & (v\geqslant80\text{km/h})\end{cases} \tag{9.6}$$

根据以上公式和长松高速线形指标和限速值，计算限速段最小长度，见表 9.7。

表 9.7　理论限速值下限速段最小长度

编号	桩号	坡度/%	半径/m	实际长度/m	最小长度/m
1	K582+636~K583+090	+0.238	1000	434	—
2	K583+090~K583+500	+2.200	1000	410	1137
3	K583+500~K583+940	−2.500	1000	440	628
4	K583+940~K584+228	−2.500	+∞	288	1367
5	K584+228~K585+200	0.000	700	972	1160
6	K585+200~K585+430	−0.674	700	230	583
7	K585+430~K586+200	−0.674	2500	770	1284
8	K586+200~K586+737	+0.830	2500	537	1277
9	K586+737~K587+350	+0.830	9500	613	—
10	K587+350~K587+950	+0.250	9500	600	—
11	K587+950~K588+750	−2.000	9500	800	1206
12	K588+750~K589+350	−0.300	9500	600	—
13	K589+350~K590+615	0.000	9500	1265	—
14	K590+615~K590+850	0.000	5000	235	—
15	K590+850~K591+450	−1.450	5000	600	1113
16	K591+450~K592+017	−0.400	3000	567	1293
17	K592+017~K592+400	−0.400	3000	383	1295
18	K592+400~K593+604	+0.350	2600	1204	1310
19	K593+604~K593+800	+0.350	2600	196	1319
20	K593+800~K594+350	+1.500	2600	550	1255
21	K594+350~K595+300	+0.126	2600	950	1398
22	K595+300~K595+900	−1.375	2600	600	1111
23	K595+900~K596+475	+1.800	2600	575	1284
24	K596+475~K597+100	−1.501	2600	625	1185
25	K597+100~K597+440	+0.229	2600	340	1359
26	K597+440~K598+600	+0.229	5000	1160	—
27	K598+600~K599+192	−0.200	5000	418	—
28	K599+192~K599+900	−0.200	+∞	608	—
29	K599+900~K600+500	−1.150	+∞	600	—
30	K600+500~K600+750	1.300	+∞	250	—
31	K600+750~K600+982	1.300	+∞	232	—
32	K600+982~K601+350	−0.200	3500	368	1328
33	K601+350~K601+750	1.750	3500	400	1340
34	K601+750~K602+250	−0.430	3500	500	1339
35	K602+250~K603+200	0.800	3500	950	1307
36	K603+200~K603+750	1.800	3500	550	1317
37	K603+750~K603+958	−0.622	3500	108	1305
38	K603+958~K604+200	−0.622	+∞	242	—
39	K604+200~K604+500	0.177	+∞	300	—

（2）限速段划分

将长松高速公路新建段划分为 39 段，每段作为一个对象，对于理论限速值 $v_n \geq 100\text{km/h}$ 的路段需要进行限速，转入下一个路段，对于 $v_n < 100\text{km/h}$ 的路段 L_2 需要进行限速，故需要限速段划分，由于 L_1 为起始段，无法计算限速标准前置距离，因此计算从 L_2 开始，记 L_1 段长度为 L_1'，速度为 v_1'。

①若 $L_2 < L_{min}$，比较 v_1'、v_2、v_3 之间的关系：当 $|v_1' - v_2| < |v_3 - v_2|$ 时，取两者之中较小的值作限速值，记为新的 v_1'，其长度为 $L_1' + L_2$，记为新的 L_1'。检查 L_1' 是否满足最小长度 L_{min} 的要求，如果满足则转入下一个路段；否则，将该路段标记，进行下一次循环合并，直至满足最小长度要求。当 $|v_1' - v_2| > |v_3 - v_2|$ 时，取两者之中较小的值作限速值，记为 v_2'。其长度为 $L_2 + L_3$，记为 L_2'。检查 L_2' 是否满足最小长度 L_{min} 的要求，如果满足则转入下一个路段；否则，将该路段标记，进行下一次循环合并，直至满足最小长度要求。

②若 $L_2 \geq L_{min}$，以计算的理论限速值 v_2 作为 L_2 段限速值 v_2'，长度为 L_2'，转入下一个路段。同上所述，分别进行比较，直至全部路段合并完成示。

尽管根据限速段最小长度对路段进行了划分，但是《公路项目安全性评价规范》（JTG B05—2015）明确规定：相邻路段之间运行速度的差值小于 10km/h 时，表明一致性好。因此，需要对所得路段进行检验，对于速度差大于 10km/h 的予以调整，将高速调低至差值为 10km/h，调整结果见表 9.8。

表 9.8　　理论限速值下限速路段划分及相应限速值

编号	桩号	长度/m	限速值/(km/h)	调整限速值/(km/h)
1	K582+636～K583+940	1284	74	74
2	K583+940～K585+200	1260	89	84
3	K585+200～K586+200	900	78	78
4	K586+200～K587+350	1150	92	88
5	K587+350～K587+950	600	107	98
6	K587+950～K589+350	1400	94	94
7	K589+350～K590+615	1265	110	110
8	K590+615～K590+850	235	105	101
9	K590+850～K592+017	1167	91	91
10	K592+017～K593+604	1587	94	94
11	K593+604～K595+300	1696	92	92
12	K595+300～K597+100	1800	85	85
13	K597+100～K598+600	1500	97	95
14	K598+600～K599+192	418	101	101
15	K599+192～K599+900	608	108	108
16	K599+900～K600+500	600	100	100
17	K600+500～K600+750	250	106	106
18	K600+750～K600+982	232	106	103
19	K600+982～K603+958	2876	93	93
20	K603+958～K604+200	242	103	103
21	K604+200～K604+500	300	110	110

9.3.2　感知速度修正下的连续性限速设置

感知速度规律是基于驾驶人对速度的一种主观判断,本研究计算出来的夜间修正限速值是基于中等驾驶经验男性驾驶人的一种统计结果,具有概率统计的特点,利用驾驶人的感知速度规律对理论限速值进行修正,需给出自变量预测值的置信区间,即修正的夜间限速值的可信程度。

(1)多元线性回归预测值置信区间算法

对于多元线性回归模型,当给出总体中的一个样本时(样本容量为 n,自变量的数目为 k),样本的回归函数和随机表达式为

$$\hat{Y}_i = \hat{\beta}_0 + \hat{\beta}_1 X_{1i} + \hat{\beta}_2 X_{2i} + \cdots + X_{ki}\hat{\beta}_{ki} \tag{9.7}$$

$$Y_i = \hat{\beta}_0 + \hat{\beta}_1 X_{1i} + \hat{\beta}_2 X_{2i} + \cdots + X_{ki}\hat{\beta}_{ki} + e_i \tag{9.8}$$

公式(9.7)和公式(9.8)样本回归函数的矩阵表达式分别为

$$\hat{Y} = X\hat{\beta} \tag{9.9}$$

$$Y = X\hat{\beta} + e \tag{9.10}$$

其中

$$\hat{Y} = \begin{bmatrix} \hat{y}_1 \\ \hat{y}_2 \\ \vdots \\ \hat{y}_n \end{bmatrix}_{n\times 1}, \quad Y = \begin{bmatrix} y_1 \\ y_2 \\ \vdots \\ y_n \end{bmatrix}_{n\times 1}, \quad X = \begin{bmatrix} 1 & X_{11}\cdots & X_{k1} \\ 1 & X_{12}\cdots & X_{12}\cdots \\ \vdots & \vdots & \vdots \\ 1 & X_{1n}\cdots & X_{k3} \end{bmatrix}_{n\times(k+1)}, \quad \hat{\beta} = \begin{bmatrix} \hat{\beta}_0 \\ \hat{\beta}_1 \\ \vdots \\ \hat{\beta}_k \end{bmatrix}_{(k+1)\times 1}, \quad e = \begin{bmatrix} e_1 \\ e_2 \\ \vdots \\ e_n \end{bmatrix}_{n\times 1}$$

如果给定样本以外的自变量的观测值 $X_0 = (1, X_{10}, X_{20}, \cdots, X_{k0})$,可以得到因变量的预测值 $\hat{Y}_0 = X_0\hat{\beta}$,假定实际预测值 Y_0,则预测误差为 $e_0 = Y_0 - \hat{Y}_0$,容易证明下式

$$\begin{aligned} E(e_0) &= E(X_0\beta + e_0 - X_0\hat{\beta}) \\ &= E[e_0 - X_0(\beta - \hat{\beta})] \\ &= E[e_0 - X_0(X'X)^{-1}X'e] \\ &= 0 \end{aligned}$$

$$\begin{aligned} Var(e_0) &= E(e_0^2) \\ &= E[e_0 - X_0(X'X)^{-1}X'e]^2 \\ &= \sigma^2[1 + X_0(X'X)^{-1}X'_0] \end{aligned}$$

由于残差 e_0 服从正态分布,则有 $e_0 \sim N\{0, \sigma^2[1 + X_0(X'X)^{-1}X'_0]\}$,取随机干扰项的样本估计量 $\hat{\sigma}^2$,可得 e_0 的方差估计量 $\hat{\sigma}_{e_0}^2 = \hat{\sigma}^2[1 + 1 + X_0(X'X)^{-1}X'_0]$,构造 t 统计量,即

$$t = \frac{\hat{Y}_0 - Y_0}{\hat{\sigma}_{e_0}^2} \sim t(n-k-1) \tag{9.11}$$

由此可给定置信水平为 $1-\alpha$ 的情况下多元线性回归模型预测值 Y_0 的置信区间,即

$$\hat{Y}_0 - t_{\frac{\alpha}{2}} \times \hat{\sigma}\sqrt{1 + X_0(X'X)^{-1}X'} < Y < \hat{Y}_0 + t_{\frac{\alpha}{2}} \times \hat{\sigma}\sqrt{1 + X_0(X'X)^{-1}X'} \tag{9.12}$$

(2)感知速度下的夜间连续性限速区间

以半径为 1000m,纵坡为 -2.500%,理论限速值为 74km/h 的数据为例,此状态下的夜间修正限速值为 $\hat{v}_{\mathrm{f}} = 68$km/h,在 95% 置信区间水平下临界值 $t_{0.025}(106) = 1.982$,样本的残差平方和 $\sum e_i^2 = 2748.832$,则随机干扰项方差的估计值为

$$\hat{\sigma}^2 = \frac{\sum e_i^2}{(n-k-1)} = 2748.832/106 = 25.93$$

由于 $X_0 = (1, -0.001, 1.437)$，则

$$(X'X)^{-1} = \begin{pmatrix} 0.323\,076 & -0.000\,005 & -0.003\,016 \\ -0.000\,005 & 9.42\text{E}-10 & 0 \\ -0.00\,302 & 0 & 0.000\,032 \end{pmatrix}$$

$$X_0(X'X)^{-1}X'_0 = 0.3145$$

于是，$\hat{v}_f$ 的 95% 置信区间为 $\hat{v}_f \pm t_{\frac{\alpha}{2}} \times \hat{\sigma}\sqrt{1+X_0(X'X)^{-1}X'}$，即 $[56, 80]$。同理计算出不同预测值下的 95% 置信区间，如表 9.9 所示。

表 9.9　　　　感知速度下的限速段划分及修正限速值 95% 置信区间

编号	桩号	长度/m	修正限速值/(km/h)	置信区间（km/h）
1	K582+636～K583+940	1284	68	[55, 80]
2	K583+940～K585+200	1260	81	[69, 93]
3	K585+200～K586+200	900	74	[62, 86]
4	K586+200～K587+350	1150	88	[76, 100]
5	K587+350～K587+950	600	101	[89, 113]
6	K587+950～K589+350	1400	96	[84, 108]
7	K589+350～K590+615	1265	119	[107, 131]
8	K590+615～K590+850	235	106	[94, 118]
9	K590+850～K592+017	1167	92	[80, 104]
10	K592+017～K593+604	1587	96	[84, 108]
11	K593+604～K595+300	1696	93	[81, 105]
12	K595+300～K597+100	1800	83	[71, 95]
13	K597+100～K598+600	1500	98	[86, 110]
14	K598+600～K599+192	418	106	[94, 118]
15	K599+192～K599+900	608	115	[103, 127]
16	K599+900～K600+500	600	104	[92, 116]
17	K600+500～K600+750	250	113	[101, 125]
18	K600+750～K600+982	232	108	[96, 120]
19	K600+982～K603+958	2876	95	[83, 107]
20	K603+958～K604+200	242	108	[96, 120]
21	K604+200～K604+500	300	118	[106, 130]

参 考 文 献

［1］ 公路工程技术标准.中华人民共和国行业标准（JTG B01—2014）.［S］.北京：人民交通出版社，2014.

［2］ 公路路线设计规范.中华人民共和国行业标准（JTG D20—2006）.［S］.北京：人民交通出版社，2006.

［3］ 公路项目安全性评价规范.中华人民共和国行业标准（JTG B05—2015）.［S］.北京：人民交通出版社，2015.

［4］ 程国柱.高速道路车速限制方法研究［D］.哈尔滨：哈尔滨工业大学，2007.

［5］ 韩娟.高速公路夜间行车限速研究［D］.哈尔滨：哈尔滨工业大学，2011.

［6］ Cheng Guozhu, Sun Xiaoduan, Han Juan. Modeling driver distance recognition and speed perception at night for freeway speed limit selection in china［J］. International journal of safety and security engineering. 2014，4（2）：143 - 153.

［7］ 程国柱，韩娟.高速公路夜间最高车速限制研究［J］.中国公路学报，2013，26（2）：147 - 153.

［8］ 程国柱，胡立伟，韩娟.高速公路驾驶员昼夜感知速度变化规律［J］.东南大学学报，2012，42（3）：547 - 550.

［9］ 程国柱，薛长龙，韩娟.高速公路驾驶员昼夜识别距离变化规律［J］.西南交通大学学报，2012，47（6）：996 - 1002.

［10］ Cheng Guozhu, Zhang Baonan. Drivers characteristic of distance identification on freeway at night. 2011 International conference on transportation and mechanical & electrical engineering［C］. 2011, Changchun, China.

［11］ Cheng Guozhu, Wu Lixin. Analysis on performance of driver distance recognition to crossing pedestrian at night. The 2nd international conference on transportation information and safety［C］. 2013, Wuhan, China.

［12］ 程国柱，裴玉龙.高速公路破损路面的最高车速限制［J］.西南交通大学学报，2008，43（6）：714 - 717.

［13］ 程国柱，裴玉龙，池利兵.基于汽车行驶广义费用最小的高速公路最高车速限制方法［J］.吉林大学学报（工学版），2009，39（4）：900 - 905.

［14］ 徐亮，程国柱.基于车速离散度和经济车速的高速公路最低车速限制［J］.吉林大学学报（工学版），2010，40（3）：661 - 665.

［15］ Lave C, Elias P. Did the 65 mph Speed Limit Save Lives［J］. Accident analysis and prevention, 1994, 26（1）：49 - 62.

［16］ Fitzpatrick K. Is 85th percentile speed used to set speed limits. ITE 2002 annual meeting and exhibit［C］. Institute of Transportation Engineers, Washington, D. C., 2002.

［17］ Jaehyun P. Modeling of setting speed limits on urban and suburban roadways［D］. University of South Florida, 2003.

［18］ Ottesen JL, Krammes RA. Speed - profile model for a design - consistence evaluation procedure in the United States［J］. Transportation research record, 2000, 1701：76 - 85.

［19］ Fitzpatrick K, Elefteriadou L, Harwood D, et al. Speed prediction for two - lane rural highways - final report［R］. FHWA, U. S. Department of Transportation, 2002：35 - 42.

［20］ Gibreel GM, Easa SM, EI - Dimeery IA. Prediction of operation speed on three - dimensional highway alignment［J］. Journal of Transportation Engineering, 2001, 127（1）：21 - 30.

［21］ Easa S. Design consistency, geometric design guide for Canadian Roads［M］. Ottawa：Transportation association of Canada, 2003：12 - 16.

［22］ Konstantopoulos P, Chapman P, Crundall D. Driver's visual attention as a function of driving experience and visibility using a driving simulator to explore drivers' eye movements in day, night and rain driving [J]. Accident analysis and prevention, 2010, 42: 827 - 834.

[23] Said M Easa, Maureen J Reed, Frank Russo, et al. Effect of increasing road light luminance on night driving reformance of older adults [J]. International journal of engineering and applied sciences, 2010, 6 (1): 41 -48.

[24] Plainis S, Murray 1 J. Reaction times as an index of visual conspicuity when driving at night [J]. Ophthal. Physiol, 2002, 22: 409 - 415.

[25] Wen Hua, Eric T Donnell. Models of acceleration and deceleration rates on a complex two - lane rural highway: results from a nighttime driving experiment [J]. Transportation research part F, 2010, 13: 397 -408.

[26] Horberry T, Anderson J, Regan, M A. The possible safety benefits of enhanced road markings: a driving simulator evaluation [J]. Transportation research part F, 2006, 9: 77 - 87.

[27] Haglund M, Aberg L. Speed choice in relation to speed limit and influences from other drivers [J]. Transportation research part F, 2000, 3: 39 - 51.

[28] Suh W, Park P Y - J, Park C H, et al. Relationship between speed, lateral placement, and drivers' eye movement at two - lane rural highways [J]. Journal of transportation engineering, 2006, 132 (8): 649 -653.

[29] Henriette Wallén Warner, Türkerözkan, Timo Lajunen. Cross - cultural differences in drivers' speed choice [J]. Accident analysis and prevention, 2009, 41: 816 - 819.

[30] Campbell J L, Richard C M, Brown JL, et al. NCHRP report 600C: human factors guidelines for road systems, chapter 17: speed perception, speed Choice, and speed control [R]. Washington D. C. , Transportation research board, 2010.

[31] Walton D, McKeown P C. Drivers' biased perceptions of speed and safety campaign messages [J]. Accident analysis and prevention, 2001, 33: 629 - 640.

[32] Manser M P, Hancock P A. The influence of perceptual speed regulation on speed perception, choice, and control: tunnel wall characteristics and influences [J]. Accident analysis and prevention, 2007, 39: 69 -78.

[33] Ward H, Shepherd N, Robertson S, et at. Night - time accidents—a scoping study. Report to the AA motoring trust and Rees Jeffreys Road Fund [R]. Centre for transport studies, the University of College London, UK, 2004: 24 - 26.

[34] Bergdahl J. Sex differences in attitudes toward driving: a survey [J]. The social science journal, 2005, 42: 595 - 601.

[35] Baker R G V. On the quantum mechanics of optic flow and its application to driving in uncertain environments [J]. Transportation research part F, 1999, 2: 27 - 53.

[36] Kilpeläinen M, Summala H. Effects of weather and weather forecasts on driver behavior [J]. Transportation research part F, 2007, 10 (4): 288 - 299.

[37] Fitzpatrick K, Carlson P, Brewer M, et al. Design speed, operating speed, and posted speed limit practices. Transportation research board, Washington D. C. , 82nd annual meeting [C], January 2003. TRB paper number 03 - 2725, 2003: 1 - 20.

[38] Margaret J Giles. Driver speed compliance in western Australia: a multivariate analysis [J]. Transport policy, 2004: 227 - 235.

[39] 张开冉, 李国芳. 限速条件下驾驶员行车速度选择问题研究 [J]. 公路交通科技, 2003, 120 (15): 75 -77.

[40] 罗良鑫, 李相勇, 段力. 基于信息处理的道路限速设置探讨 [J]. 人类工效学, 2004, 10 (4): 42 - 44.

[41] 孙会元, 孙黎, 韦干全. 公路车速限制与行车安全视距关系研究 [J]. 公路, 2002 (2): 72 - 74.

[42]　高建平，郭忠印．高等级公路车速管理研究 [J]．中国安全科学学报，2004，14 (4)：64 - 68．

[43]　翟润平，周彤梅，安荷萍．高速公路限速控制研究 [J]．公安大学学报 (自然科学版)，2001 (6)：34 -38．

[44]　潘振斌，杨荫．暗视场对驾驶员视觉特性的影响分析 [J]．公路与汽运，2003，(1)：22 - 23．

[45]　康国祥，方守恩．夜间不同车速下驾驶员动态距离知觉的研究 [J]．交通标准化，2009，194 (5)：210 -213．

[46]　黄凯，侯德藻，何勇，等．驾驶员动态视认特性初探 [J]．道路交通与安全，2008，8 (5)：26 - 29．

[47]　赵炜华，刘浩学，赵建有，等．基于 BP 神经网络的驾驶员昼夜动态空间距离判识规律 [J]．中国公路学报，2010，23 (2)：92 - 98．

[48]　潘晓东，林雨．逆光条件下交通标志的可视距离研究 [J]．公路交通科技，2006，23 (5)：118 - 120．

[49]　李小华，何存道，彭楚翘，等．卡车驾驶员速度估计研究 [J]．心理科学，1997，20 (6)：525 - 529．

[50]　艾力·斯木叶拉，马晓松．基于驾驶适宜性检测的沙漠公路驾驶员速度估计分析 [J]．心理科学，2009，32 (5)：1218 - 1220．

[51]　王清华．高速公路交通控制策略研究 [D]．长沙：长沙理工大学，2009．

[52]　孙英杰．基于运行速度的山区高速公路合理限速方法研究 [D]．西安：长安大学，2008．

[53]　交通部公路安全保障工程技术组．公路安全保障工程实施技术指南 [M]．北京：人民交通出版社，2004．

[54]　徐婷．限速区划分与限速阶梯过渡算法研究 [D]．北京：北京工业大学，2011．

图书在版编目（CIP）数据

高速道路车速限制理论与方法 / 徐亮，程国柱著 . —北京：知识产权出版社，2016.9
ISBN 978-7-5130-4451-6

Ⅰ. ①高… Ⅱ. ①徐… ②程… Ⅲ. ①高速公路—高速行车—交通限制—研究 Ⅳ. ①U491.2

中国版本图书馆 CIP 数据核字（2016）第 220018 号

责任编辑：刘 爽   责任校对：谷 洋
封面设计：刘 伟   责任出版：卢运霞

高速道路车速限制理论与方法

徐亮　程国柱　著

出版发行：**知识产权出版社**有限责任公司		网　　址：http：//www.ipph.cn	
社　　址：北京市海淀区西外太平庄 55 号		邮　　编：100081	
责编电话：010 - 82000860 转 8125		责编邮箱：39919393@qq.com	
发行电话：010 - 82000860 转 8101/8102		发行传真：010 - 82000893/82005070/82000270	
印　　刷：北京中献拓方科技发展有限公司		经　　销：各大网络书店、新华书店及相关专业书店	
开　　本：787mm×1092mm　1/16		印　　张：9.25	
版　　次：2016 年 9 月第 1 版		印　　次：2016 年 9 月第 1 次印刷	
字　　数：235 千字		定　　价：39.00 元	

ISBN 978-7-5130-4451-6